김 우 진

서연호 저

건국대학교출판부

한국 최초의 실험적 예술가
김 우 진

세계 작가 탐구(한국편) [001]

찍은날	2000년 1월 20일 초판 찍음
펴낸날	2000년 1월 25일 초판 펴냄
지은이	서 연 호
펴낸이	맹 원 재
펴낸곳	건국대학교출판부
주 소	서울시 광진구 모진동 93-1
전 화	도서주문 (02) 450-3893 / 편집실 (02) 450-3891~2
	팩스 (02) 457-7202
등 록	제 4-3 호 (1971. 6. 21.)

값 6,000원

ⓒ 서연호, 2000

* 잘못 만들어진 책은 바꾸어 드립니다.
* 저자와의 협의하에 인지 첨부를 생략합니다.

ISBN 89-7107-233-4 04800
ISBN 89-7107-232-6 (세트)

김 우 진(金祐鎭, 1897~1926)
김우진은 이광수, 김동인 등과 동시대에 최초의 근대극작가가 되었다.

출가하기 직전에 찍은 아들(김방한)의 돌사진
서 있는 학생복 차림은 김우진의 딸(김진길)이다.

저자의 말

이 책을 서술하게 된 까닭은 네 가지 정도로 요약된다. 먼저 수산 김우진(水山 金祐鎭)에 관한 일반인의 오해를 들 수 있다. 이미 10여 년 전부터 국내 연극학계에서는 수산에 관한 연구가 매우 활발해졌음에도 불구하고, 일반인들은 수산하면 '윤심덕과 연애 끝에 동반자살한 호남부호의 아들' 정도로 인식하는 것이 고작이었다. 이를테면 부잣집의 장자이자 일본 유학생인 그가 본처를 집에 둔 채, 당대의 신여성과 서울과 도쿄를 오가며 열애하다가 아버지의 허락을 받을 수 없게 되자 함께 투신했다는 내용이다. 이런 인식은 그가 자살한 1926년 8월 이후, 그러니까 70여 년도 넘게 오늘날까지 불식되지 않고 있는 고정관념이라 할 수 있다. 과연 수산은 시대를 망각한 유한청년(有閑靑年)이었고, 그들의 연애는 사회를 망각한 낭만주의(浪漫主義) 사랑이었는지 되살펴 보아야 할 것이다. 그의 자살이 그처럼 단순한 연애좌절에서 비롯된 것인지 분석해 보아야 할 것이다. 그러므로 필자는 이 책을 통해서 수산에 관한 일반인의 오해를 벗기려는 객관적인 서술과 구체적인 자료를 제시하고자 한다.

둘째로, 우리 연극학계의 수산에 관한 편향적 연구의 문제를 지적할 수 있다. 연극학이니만큼 그의 희곡이나 연극사적 활동이 주로 논의되는 것은 불가피한 사정이라 하더라도, 연구자에 따라서는 지나치게 그의 업적이 폄하(貶下)되거나 혹은 과장되는 경우를 흔히 찾아볼 수 있다. 동시에 그의 문학작품, 이를테면 시·소설·문학비평·연극비평·수상(隨想)·일기·편지 등이 그의 희곡을 분석하고 해석하는 데도 참고가 되지 못하는 실정이다. 재론의 여지도 없이, 그는 폄하되거나 과장되어서는 안 된다. 한국연극사 속의 한 극작가로 제대로 평가되고 자리매김되어야 마땅하다. 필자는 이 책을 통해서 이러한 학계의 편향성을 바로잡아 보고자 한다.

셋째로, 아직도 우리 문학사 가운데 수산이 제대로 위상을 잡지 못한 점을 중시하게 된다. 주지하는 대로, 그간에 출간된 숱한 우리 문학사들이 대부분 시사(詩史)나 소설사(小說史) 중심의 비좁은 문예사관(文藝史觀)으로 서술된 것이 사실이다. 수산이 문학사에서 주요 작가로 대두될 수 있는 근거는 비단 그가 개척적인 극작가였다는 점에 국한되지 않고, 춘원(春園)과 동일한 시기에 계몽주의나 인도주의·이상주의 같은 문학을 한 것이 아니라, 새로운 자의식(自意識)의 문학·표현주의·개성주의 문학을 실천적으로 했다는 것이다. 물론 그의 활동기가 지극히 짧았다는 한계성이 없는 것은 아니다. 그러나 이런 사실은 분명 역사적인 사건이 아닐 수 없다. 필자는 이 책을 통해서 이러한 수산문학의 역사성을 다소라도 규명해 보고자 한다.

넷째로, 필자 개인과 수산연구에서 비롯된 동기를 들 수 있다. 1982년 2월에 필자는 고려대학교 대학원에서 문학박사 학위를 취득했다. 학위논문 『한국근대희곡사 연구』(고려대 민족문화연구소 간행)를 한창 쓰고 있던 1981년 봄, 필자는 수산의 외아드님이자 당시 서울대 언어학과 교수였던 김방한(金芳漢) 선생으로부터 연구실에 보관 중이던 '수산의 친필원고' 전부를 빌어보는 영광을 누리게 되었다. 이 원고들은 학위논문의 귀중한 자료가 되었다. 그 후 필자는 전집의 필요성을 절감하고, 김방한(金芳漢) 선생과 합의를 보아서 『김우진 전집』(전2권, 전예원, 1983. 11)을 처음으로 세상에 내놓게 되었다. 당시 제자들(현재는 교수가 됐지만)의 헌신적인 협조가 없었다면 전집출간은 불가능했을 것이다. 현재 필자는 새 전집을 준비하고 있다. 「유서」를 포함해서 전에 누락된 원고와 오자 및 탈자의 보완은 물론, 일본어로 씌어진 원고의 번역 등을 추가하여 간행할 예정이다. 이처럼 필자는 수산연구와의 평생 인연을 지니고 있는 셈이다. 선뜻 내놓기 어려운 선친(先親)의 자료임에도 불구하고, 그런 자료제공은 물론이고, 필자의 연구를 객관적으로 도와주시는 김방한 선생에게는 이 지면을 빌려 다시 한 번 감사를 드린다.

  아무리 간략한 작가론이라고 해도 학계에 보탬이 되기는커녕 도리어 해독을 끼치지나 않을까 하는 두려움이 앞선다. 부족한 점은 추후에 보완할 기회를 갖고자 한다. 끝으로, 이런 책을 기획하고 출판해 준 건국대학교출판부에 감사를 드린다.

1999. 8. 광복의 날에
저 자

차 례

- 저자의 말 / 5

1. 생애와 저작활동 ——— 13

　　　　　　(1) 성장 배경 · 13
　　　　(2) 구마모토 유학시기 · 16
　　　　　(3) 도쿄 유학시기 · 18
(4) 극예술협회 결성과 연극비평활동 · 25
　　　　(5) 귀국 후 창작활동 · 32
　　　　　(6) 기타 서술활동 · 33
　　　　(7) 윤심덕과의 관계 · 39
　　　　　　(8) 자살철학 · 48

2. 문학세계 ——————— 59

　　　　(1) 희곡창작 · 59
　　　　(2) 시작(詩作) · 63
　　　　(3) 소설창작 · 66
　　　　(4) 비평활동 · 68
　　　　(5) 일기문 · 72
　　　　(6) 수상록 · 73

3. 희곡 분석 ──── **79**

(1)「정오」· 79
(2)「이영녀」· 83
(3)「두더기 시인의 환멸」· 94
(4)「난파」· 103
(5)「산돼지」· 115

4. 문예비평론 ──── **123**

(1) 문학비평 · 123
(2) 연극비평 · 139
(3) 에세이류 · 154

5. 문학사적 위상 ──── **175**

■ 연보 및 연구자료 / 181

김 우 진

1

생애와 저작활동

(1) 성장배경

　김우진(金祐鎭)은 수산(水山) 혹은 초성(焦星)이라는 아호를 즐겨 썼다. 수산은 고향인 목포에서 연유된 것이고, 초성은 평소 독일 철학자 니체를 흠모한 데서 연유된 것이다. 1897년 9월 장성에서 그곳의 군수였던 부친 김성규(金星圭)와 모친 순천 박씨(順天朴氏) 사이에서 태어났다. 모친은 그가 5살 때 타계하였으므로 평소 모친에 대한 그리움으로 지냈다. 1926년 6월 초, 그는 첫돌을 맞은 아들 김방한(金芳漢, 서울대 명예교수, 1925~)을 남겨두고 일본을 향해 출가했다. "내 속의 생활을 완미(完美)케 하려고" 먼길을 떠난다는 결심을 밝혔다.[1] 그로부터 불과 2개월 후인 8월 4일 오전 4시경에 그가 현해탄에 투신하였

---

1) 『김우진 전집』 II, 「아 프로테스트」, 전예원, 1983. 11, pp. 213-216 참조.

다는 비보가 세상을 온통 놀라게 하였다. 그해 5월에 탈고한 희곡의 제목「난파」(難破)와 같이 그는 스스로 난파되고 말았다. 짧은 생애였지만 그의 생애는 선각적인 지식인, 선구적인 작가, 비평가로서 분투한 30년이었다. 1983년 11월 그의 전집이 출간됨으로써 수산에 관한 연구와 평가가 널리 이루어지기 시작하였다.

수산의 조부 김병욱(金炳昱, 아호 磊樓, 1808~1885)은 안동 김씨(安東金氏) 족숙이자 스승인 김수근(金洙根, 아호 溪山)으로부터 학문을 익혔고, 반계(磻溪)와 다산(茶山)을 두루 섭렵한 실학자였다. 출세에 유리한 환경이었음에도 불구하고 결벽스럽고 강직한 성품으로 인하여 처세에는 서툴렀고, 스승이 사망한 이후에는 그를 깊이 이해해 주는 사람도 없어 외롭게 지내야 했다. 50세가 넘어 그를 딱하게 여긴 세도씨족(勢道氏族)들의 도움으로 미관말직에 들어서게 되었다. 삼남지방에 민란이 일어나 정말 양심적인 지방수령이 파견되지 않으면 아니되게끔 되었던 1862년 12월, 그는 겨우 연풍현감(현재 충북 괴산군)에 임명되었다. 수산의 부친(김성규)은 이 시기에 그의 서출이자 둘째아들로 태어나 성장하였다. 김병욱은 흥선대원군의 언행을 비판한 사건으로 1867년 황해도 문화현으로 유배되기도 하였다. 유배지에서 저술한『태평오책』(太平五策)에는 그의 경제정책과 실학사상이 잘 드러나 있다.[2]

---

2) 김용섭,「광무양전의 사상기반」,『아세아연구』48호, 고려대, 1972, pp. 2-11 참조.

수산의 부친 김성규(아호 草亭, 1863~1935)는 조선시대 말기인 1887년 5월부터 1905년 2월까지 18년간 관계에서 활약하였다. 광무주사를 시작으로 하여 홍콩에 있던 주차 영국·독일·러시아·오스트리아·프랑스 전권대신의 서기관, 친군통위영문안·상의원주부·고창현감·장성군수·전라남도 양무감리·무안항감리, 그리고 마지막으로 강원도관찰사 등의 관직을 역임하였다. 그의 부친은 유학사상을 비롯하여 실학을 폭넓게 계승하였고, 외국의 신학문을 열심히 탐구하여 농업개혁과 사회개혁에 누구보다도 선구적인 지식을 지닌 관리였다. 농업개혁은 국가재정을 충실하게 하고 농민경제를 안정시키려는 것이었고, 그러한 정책의 기초작업으로서 양전(量田)의 시행과 지주제의 개편을 강조하였다. 또한 사회개혁은 농민층의 사회적·정치적 지위를 향상시키는 것으로서 서구적인 정치이념을 참고하여 구래의 농촌자치기구인 향약을 개선하고자 하였다.[3]

수산의 강직한 성품과 면학 태도, 진보적인 사상과 개혁 의지는 이상과 같은 선대의 정신적 전통의 계승과 그의 새로운 세계에 대한 불타는 정신에서 비롯된 것으로 해석된다. 그는 부친이 장성에 설립한 호남선우의숙(湖南先憂義塾)에서 공부하였고, 1908년 목포 북교동 46번지의 새집(가호 成趣園)에 이주하여 1910년 목포공립보통학교를 졸업(2회)하였다. 이 같은 소년시절에 익힌 수산의 한문(漢文) 실력은 고전을 능히 독서하고 시를 지으며, 부친과는 편지를 주고받을 정도로 우수하였다.

---

[3] 전게문, pp. 12-40 참조.

(2) 구마모토 유학시기

　수산은 1914년 봄 일본인들이 다니던 목포공립심상고등소학교 1년을 수료하고 1915년 봄에 규슈(九州)의 현립구마모토농업학교(縣立熊本農業學校, 현　縣立熊本농업고등학교)에　유학하였다. 국내의 농업개혁에 관한 포부와 새로운 농업연구 단지로 부상하는 구마모토에 관한 부친의 지대한 관심이 빚은 결정이었다. 이 학교는 1899년 신학제에 의해 창립된 일본 세 번째의 농업학교였다. 명치시대(明治時代) 새로운 일본을 건설하자는 목표에 의해 구마모토는 농업지역으로 간주되었고, 서양으로부터 과학적인 영농방법・산림방법・양잠방법 등을 수용하여 일본에 적응시키는 개량과 실험을 했고, 아울러 전국적으로 보급시키는 전진기지로서 커다란 역할을 했다.
　당시 동창생 마수무라 신지(增村信治, 1895년생)의 증언에 의하면, 구마모토에 와서 큰 목재상을 하던 김우진의 삼촌(삼촌이기보다는 친분이 있던 일본인이 아닐까 생각된다.—필자)의 주선으로 유학수속을 하게 되었다. 동생 김철진(金哲鎭, 1902~1971)과 함께 처음에는 시내 야마모토(山本)사진관에 하숙했고, 유명한 수학선생인 카와하라 세이치(河原生一)의 집으로 하숙을 옮겼다. 대수(代數)는 싫어했지만, 카와하라 선생 집에서는 가족들과 친숙했고 동시에 선생의 인간적인 영향을 많이 받았다. 일반적으로 당시 하숙비는 월 8원(圓)이었는데, 기숙사에 들어가면 사비・수업료・교우회비・여행적금 등을 포함해서 7원50전(錢)이었다. 김씨 형제가 상당한 유학비를 쓴 것은 이런 사실로 짐작

된다.4)

  수산은 몸이 허약하고 내성적이며 사색적인 데 반해 동생 철진은 강건하고 명랑한 성격이었다. 철진은 영화를 좋아해서 시내 세계관(世界館)·전기관(電氣館) 등의 영화관에 자주 다녔고, 특히 변사들의 흉내를 잘 냈다. 철진은 광복 후 목포일보 사장을 지냈고, 만년에 목포상대(전남대와 합병되기 전의 대학)의 초대학장을 지냈다.

  수산은 재학 중 여러 과목을 배웠고 성적도 우수했다. 3학년 이수과목(괄호 내는 성적)을 보면, 영어(99점)·수신(修身, 100)·논문(95)·독서(90)·작문·대수·기하·측리(測里)·법제·경제·토지개량·특수작물·과수·농업제조·축산·병리·임학·수의·체조·조행(操行)·실습 등이다. 특히 수산은 영어를 잘해서 카와노 미치요리(河野通賴, 和歌作家)와 마츠자키(松崎) 선생에게 애호를 받았고, 이것이 대학 영문학과 진학의 계기가 되었다. 그는 농업학교에서 열심히 공부하였고, 전교를 통해 우수한 인재로 이름을 날렸다.5)

  2학년 때인 1916년에는 부친의 결정에 따라 곡성(谷城) 출신 정운남(鄭雲南)의 딸 정점효(鄭點孝, 1900~1964)와 결혼하였다. 수산은 재학 중 「축산론」을 발표했고, 졸업논문으로 「조선에서의 삼림사업 일반」(朝鮮に於ける森林事業一般)을 제출했다. 농업학교 16회 졸업생으로서 성적이 우수한 자에게 수여되는 영친왕(英親王) 상금 5원을 하사받았다. 재학시절에 작성된 그의

---

4) 成澤勝, 「金祐鎭의 熊本時節」, 『김우진 전집』 II, pp. 305-308 참조.
5) 成澤勝, 전게문 참조.

『농장일지』(2학년・4월 5일~6월 11일, 9월 10일~12월 3일, 3학년・ 4월 11일~7월 14일, 9월 9일~1월 16일의 기록)에는 자신이 체험한 근대적인 농업실험 및 새로운 농업정보가 점철돼 있다.

(3) 도쿄 유학시기

1918년 3월 22일 밤, 수산은 일본 도쿄(東京)의 신주쿠(新宿驛)에 하차하였다. 구마모토로부터의 상경이었다. 신주쿠에 하숙집을 정하고 와세다(早稻田)대학 예과입학을 준비하려는 의도였다. 귀향해서 장자로서 가정을 이끌고 아울러 고국의 농업을 위해 헌신하라는 부친의 뜻을 스스로 거역한 과감한 처사였다. 이 해에 딸 김진길(金辰洁, 1918~1949)이 탄생하였다. 1919년은 개인적으로나 사회적으로 수산에게 큰 변화를 준 한 해였다. 동경유학생 친구들이 벌인 2월 8일의 조선독립선언사건과 뒤이어 3월 1일을 기점으로 한 국내의 독립투쟁사건은 그에게 민족적 자아를 획기적으로 일깨워 주었다. 또한 와세다대학 예과에 입학하여 장차 그가 하고 싶었던 영문학의 길을 열었다.

1921년 봄에 영문학과 본과로 진학했다. 이 시기에 수산은 당시 한국에서 수강할 수 없던 새로운 과목들을 공부하였다. 그가 수강한 과목에는 문예사상사(1・2학년, 담당교수 片上伸), 서양철학사(1・2, 金子馬治, 桑木嚴翼), 영문학개론(1, 橫山有策), 근대영시문연구(1, 樋口國登), 18세기산문(1, 谷崎精二), 엘리엇(1, 飯田), 영문학배경(1・2, 日高只一), 영작문(1・2 존스), 독일어(1・2・3), 미학(2・3, 金子), 체스터톤 및 빅토리아조문학(2・3, 增田藤之助),

셰익스피어 및 말로(2·3, 橫山), 빅토리아조영시연구(2·3, 樋口), 페이터 및 르네상스(2·3, 吉田源次郞), 휘트먼(2, 橫山), 윤리학(3, 杉森), 에머슨(3, 增田), 영미의 신극운동(3, 日高) 등이 확인된다. 1924년 3월 졸업생은 24명, 그 가운데는 후일 독일에 유학하여 음악가가 된 한국인 채동선(蔡東鮮, 1901~1953)이 수산과 동기였다.6)

수산의 동경유학기는 그를 식민지시대의 한 지식인으로서뿐만 아니라, 그의 작가로서의 문예적 체험과 능력, 선구적인 문학사상을 성숙시켰다는 점에서 매우 주목되는 시기다. 이 시기를 연구할 수 있는 자료로는 『마음의 자취』(心の跡)라는 제목으로 남아 있는 일기책과 여러 장르에 걸친 그의 작품들, 그리고 친지의 증언을 토대로 작성된 그에 관한 작가론 등이 있다. 한국문예사에서 김우진은 민족적이고 근대적인 자각과 미학을 통한 자의식의 문예를 수립한 점에서 선구적인 작가로 평가되고 있다. 과연 이러한 업적은 어떤 과정을 통해 성숙되었을까.

먼저 그의 민족적인 자각과 미학을 살펴보기 위해 일기를 검토하기로 한다. 1919년 1월 24일에 시작되어 1925년 5월 28일에 끝나는 그의 일기는 6년 반이라는 긴 세월에도 불구하고 겨우 3개월에도 못 미치는 83일분에 그치고 말았다. 그러나 이 일기는 그의 동경유학기를 투시해 볼 수 있는 가장 소중한 자료이다.

---

6) 早稻田大學, 1919~1923년 學科配當表 참조.

반도의 산천초목이여. 이조 오백년 최후의 군주를 승하하심을 입은 백의민족이여! 과연 사실상으로는 최후의 군주이다. 사실상으로는 이에 이조 역대 군주는 절근(絕根)되었다. 즉 우리 대한의 역사는 이에 종결이다. (1919. 2. 28)

오전 고영환(高永煥) 군이 내언(來言), 작(昨) 오후 청년회에서 아(我) 유학생 회합이 재하여 독립운동결의문에 관하여 협의가 있었는데, 경시청으로서 형사, 경찰 수십인이 내하여 겸열한 결과 최팔용(崔八鏞) 군 외 수십인이 인치구인(引致拘引)하였다 한다. …… 오전에 김상규(金商圭) 군과 공히 청년회관에 왕하였다가 내숙(來宿)…… (1919. 2. 9)

금조(今朝)에는 '전반도(全半島)에 급(及)하는 조선소요(朝鮮騷擾)'라는 제목으로 황해도, 평안도에는 익익미만(益益彌漫)하여 경찰서장이 참살되며 헌병파출소가 연소되었다는데, 다만 한 가지 의사(疑邪)하는 바는 관헌(官憲)이 비밀을 엄수하여 상세한 사정은 미상이나 실제의 소요는 상당하리라 한다. 혁명! 혁명! 새 생명의 혁명! …… 동양반도의 역사여! …… 하늘의 행복의 신은 우리를 수호한다. 활동하여라. 활동하자! …… 요지활동(要之活動)은 우리의 잡은 유일의 길이다. 아 전 민족아. 일어나자! (1919. 3. 7)

신한민보(新韓民報)에서 그 논설란에 상세한 재미(在美) 대한민족의 활동의 상황도 다만 일부분 남녀자에게만 송달케 되니. 아! 민족자결이여. selfdetermination은 우리의 유일한 금일의 목표이다. (1919. 3. 8)

수산이 와세다대학 예과에 입학하기 전에 고종황제의 승하와 동경유학생의 2·8독립선언, 고국에서의 3·1독립운동, 미국 대통령 윌슨의 민족자결주의 선언(1918. 1. 8) 등 충격적인 사건들을 맞게 되었다. 이상의 일기는 바로 이러한 민족적인 사건을 맞으면서 작성된 것들이다. 그는 국가적 주권의 상실을 통한하면서 일본의 통치에 대한 과감한 저항과 민족자결의 의지를 피력해 놓았다. 동시에 그는 아직 정식 유학생이 아니면서도 유학생들의 정치적 집회에 수차 참여하고, 2·8사건에 관련되어 재판을 받거나 구속수감된 유학생 대표들(崔八鏞, 徐椿, 白寬洙, 金度演 등)을 위해 법정 혹은 감옥으로 수차 면회한 사실도 기록되어 있다.

1919년 4월부터 수산의 동복제(同腹弟)인 철진과 이복제(異腹弟)인 익진(益鎭, 1906~1970)이 동경 유학을 위해 합류하였다. 익진은 수산의 셋째 아우로서 와세다 중학을 거쳐 북경대학 언어학과를 졸업한 가톨릭 문학인이었다. 1949년 이후 왜관(倭館)의 순심(純心)중학교 교장, 김천(金泉)의 성의(聖義)중학교 교감, 경주의 근화(槿花)여자중학교 교감 등을 역임했다. 6·25 이후는 가톨릭 분야에서『레지오 마리에 직무수첩』(1956),『내심낙원(內心樂園)』(1960),『동서의 피안』(1961),『요셉』(1964),『동방문화와 공교』(1965) 등을 번역했다. 그의 번역은 일본에서까지 명역으로 평가되고 있다. 유고집으로『민속과 서학』(성바오로서원, 1971)이 있다.

당시 목포 사람으로서 김익진의 친구인 차남수(車南守, 1903~1990)는 규슈제대(九州帝大) 의학과에 다니고 있었다. 그는 1932년 대구의전(현 경북대학교 의과대학) 교수를 시작으로 안동도립병원 외과부장·제주도립병원 원장·소록도 병원장·부산재활원 원장 등을 역임했다. 그는 방학을 이용해서 동경의 익진과 상봉하였고, 두 사람은 수산의 하숙에 인사하러 방문하였다. 그 때 수산은 버들궤짝에 감추어 두었던 태극기를 꺼내어 아우와 고향 후배에게 보여주었다.7) 이러한 사실들은 그의 민족적인 인식과 민족적인 자아를 성숙시켜 가는 과정의 한 단면으로 볼 수 있다.

1919년 12월에 「타씨찬장」(陀氏讚章)을 썼는데 이 글을 통해서 그는 3·1운동 이후의 격동하는 시대 속에서 시대정신을 이끌 만한 훌륭한 시인이 되고 싶은 열망을 피력하였다. 제목에서 '타씨'는 이탈리아의 시인 다눈치오를 가리킨다. 그는 국민의 감정을 충실히 표현하여 풍전등화와 같은 민족의 운명을 생명력 넘치게 해줄 수 있는 정신의 출현을 기원하며, 그 구체적인 사례로서 다눈치오의 「나전국민부활의 송」(羅典國民復活頌)과 「국민정신의 송」(國民精神頌)을 찬미하였다.

> 지금에서야 각지하였다. 4, 5년을 일본문으로만 기록하여 오던 나의 일기가 이제 우리 본국문어(本國文語)로 기록됨을. 이 사랑스러운 국문으로 무의식으로 기록한 지 전일(前日)을 상(上)하여 조사한 즉 5일전부터이다. 그때에는 아무 연유 없이 시작한 나의 국문일기가 이제 나의 의식에 올랐다. …… 우리는 우리를 사랑하고 우리를 기꺼하여야 한다. …… 과거된 영(靈)이여, 나를 받아라. …… 영원히 나의 속에 존재함을 기꺼한다. (일기 1919. 1. 31)

그는 이처럼 민족어에는 민족적인 영혼이 깃들어 있음을 발

---

7) 李準坤, 「김우진의 〈이영녀〉 분석」, 고려대대학원 석사과정 기말리포트, 1983. 7 참조.

견하고, 한글로 일기를 쓰기 시작한 것을 스스로 기뻐하면서 앞으로 한글로 작품을 쓰고자 하는 의지를 밝혔다. 언어와 정신의 일치를 강조한 것이다. 식민지체제에 상응하는 민족적 주체성 확립과 구체적인 방법 즉 미학으로서 그는 이렇게 한글의 애용을 실천한 것이다. 영문학과 2학년 시절인 1922년 4월 ≪중외일보≫(中外日報) 지상에 수산은 「조선말 없는 조선문단에 일언함」이라는 문학비평을 발표하였다. 이 글은 작가로서 1920년대 초기의 혼미한 문단풍토를 개선하기 위한 모색과 더불어 그의 한글에 관한 인식을 집약하고 있는 점에서 주목된다.

그는 언어의 일반적인 특성을 논하는 데에서 이 글의 실마리를 풀어 나갔다. 사상이란 원래 개성의 표현인데 그것은 언어라는 매개를 취하며, 언어가 문학의 형식을 취할 때, 그 문자가 일정한 심리적 계합(契合)으로 당자의 사상을 구체화시킬 수 있다고 하였다. 그렇기 때문에 당자의 언어가 독특한 의사의 표현을 갖추어야만 비로소 독특한 사상의 전달이 가능하다고 하면서, 언어의 능숙한 구사력을 강조하였다. 그리고 그는 언어의 재현력과 상징력에 관해 언급하면서 완전한 재현의 불가능성과 상징력의 중요성을 아울러 지적하였다.

그의 이러한 지적은 때마침 이 땅에 사실주의(寫實主義) 문예사조가 수용되어 힘차게 번져 나가던 시기에 이루어진 것이어서, 일면 그의 선구적인 위치를 가늠하게 한다. 그는 사실주의의 한계성을 언어 자체의 재현력의 한계에서 이미 간파하고 있었던 셈이고, 어떤 사상의 진실, 즉 리얼리티를 살리기 위해서는 리얼리즘만이 유일한 방법이라는 고정관념에 사로잡혀 있지 않았던 것이다. 그는 특별히 시어와 희곡의 언어를 들어 문학적인 언어의 특성을 살폈다. 시어로서는 베를렌·시마자키 도송(島崎藤村)·셸리의 사례를 들었고, 희곡의 언어로서는 호프만슈탈·셰익스피어·스윈번·싱 등의 작품을 들어 분석하였다.

    우리 문단에는 '우리말이 있는가' 하는 기괴한 의문이 올라옴을 속이지 못하겠습니다. 나는 당장에 우리의 말이 없다고 판단하겠습니다. 실로 기가 막히고 불행도 한 판단이지오마는, 사실로 인정함은 나뿐이 아니라, 오늘날 우리글로 된 잡지나 신문을 펼쳐 본 이로서 유의(留意)한 이는 모두 이같은 낙담을 가졌을 것이외다.8)

그는 이처럼 당대의 문학 실태로서 조선말다운 조선말 문학이 없다는 사실을 비판하고, 순정한 조선어의 부흥과 개량을 역설하였다. 문단의 혼미와 무질서를 개탄한 그는 이상과 같은 현상을 극복하기 위한 몇 가지 기본적인 과제를 제기하였다.

첫째로는 문법의 제정과 사전의 제작을 지적하였는데, 특히 존슨(S. Johnson)의 영어사전 편찬에 관한 일화를 소개하면서 우리의 경우에도 하루빨리 문법이 통일되어야 하고, 사전의 편찬이 이루어져야 함을 역설하였다.

둘째로는 구비전설과 민요·동요의 수집을 지적하였는데, 그 목적은 그것을 기반으로 새로운 창작을 일으키기 위한 것이라 하였다. 그는 이러한 전승문화야말로 '우리의 순직한 본상'이라고 하면서 그 가치를 높이 인정하였다.

---

8) 『김우진 전집』 II, 「조선말 없는 조선문단에 일언함」, p. 169.

셋째로는 외국문학 번역의 중요성에 대하여 지적하였다. "창작과 함께 번역이 일국의 문단에 주는 효과는 모든 고색(固塞)하여 가던 정신을 분연(奮然)시키며, 언어의 사용법을 넓히고, 어풍(語風)과 문맥의 청신한 국면을 암시해 준다"고 하였다.

넷째로는 신문과 잡지의 민중화를 지적하였다. 문화의 민중화를 하나의 이상으로 설정할 때, 우선 그 첫단계로 언론기능의 진정한 민중화가 필요함을 말하였다. 그리고 거기에 종사하는 사람들에게는 문화의 선도자가 되어 줄 것을 기대하였다.[9] 전통무용을 계승해서 '진실한 민족의 예술로 만들어 내야 한다'고 한 그의 발상(일기 1922. 4. 22)이나, 「춘향전」을 새롭게 극화하고자 했던 계획(일기 1922. 3. 10) 등은 모두 그의 민족적인 정체성에서 비롯된 것으로 볼 수 있다.

(4) 극예술협회 결성과 연극비평활동

1920년 봄에 그는 유학생들을 규합하여 극예술협회를 결성하였다. 국내에서 하고 있는 낡은 신파극을 비판하고 새로운 근대극을 연구하고 실현하자는 선각적인 목적이었다. 회원들은 주중에 관람하거나 독서한 작품을 매주 토요일에 모여서 토론하고 강평하였다. 회원은 수산 이외에 조명희·홍해성·유춘섭·진장섭·고한승·조춘광·손봉원·김영팔·최승일 등 20여 명이 참가하였다. 수산의 친구인 고한승(高漢承, 1902~1950)은 뒷날 아

---

9) 전게서, pp. 164-175 참조.

들 김방한의 장인이 됐다. 개성 출신으로서 「장구한 밤」·「4인 남매」 등의 극작이 있고, 색동회를 조직하여 아동문학에 심혈을 쏟았다. 1927년 한국 최초의 창작동화집 『무지개』를 출간했다.

1921년 여름방학에 수산은 극예술협회원들을 이끌고 국내 순회공연을 결행하였다. 명분은 고학생과 근로자들의 모임인 동우회(同友會) 기금을 모으자는 것이었으나 실제로 대부분의 경비는 그가 부담하였다. 임세희(林世熙)가 단장, 김우진이 연출, 홍해성(洪海星)이 무대감독을 맡았다. 막간에 홍난파(洪蘭坡)와 한기주(韓琦柱)의 연주, 윤심덕(尹心悳)의 독창까지 곁들인 그들의 행사에는 조명희(趙明熙) 작의 「김영일의 사」, 홍난파 원작의 「최후의 악수」, 던세니 작을 김우진이 번역한 「찬란한 문」 등이 공연되었다. 7월 8일 부산을 출발하여 8월 18일 함흥까지 40일 동안에 25개 지역을 순회하며 새로운 연극을 선보였고 실로 대단한 영향을 끼쳤다.10)

김우진이 직접 번역 연출한 던세니의 「찬란한 문」의 대본은 유실되었다. 그런데 1920년부터 활동을 시작한 일본 와카모노 극장(わかもの座)에서 번역을 맡았던 마츠무라(松村みね子)가 번역한 던세니의 동일작품(光明の門)이 묵지에 필사한 대본으로 그의 유고 가운데 끼어 있는 점으로 미루어, 그가 작업과정에서 참조했던 것으로 추정된다. 그의 연출 역시 당시 일본 연출가들의 영향을 받은 것으로 볼 수 있다. 와키모노극장은 소극

---

10) 이두현, 『김우진론 — 사랑과 연극으로 바꾼 인생 — 음악·연예의 명인 8인』, 신구문화사, 1975, pp. 106-149 참조.

장운동의 일환으로 1923년 6월까지 외국의 유명한 작품들을 번역 공연하였다.11)

1921년 6월 그는 『학지광』(學之光)지에 「소위 근대극에 대하야」를 발표하였다. 이로부터 그의 연극비평과 문학비평 활동이 본격화되었다. 그의 연극비평은 앞서의 평문 이외에 졸업논문으로 제출된 「인간과 초인」(원문은 영문, Man and Superman — a Critical Study of its Philosophy, 1924. 3), 「창작을 권합네다」(5월회의 회지, 1925. 9), 「구미 현대극작가론」(시대일보, 1926. 1~6), 「자유극장 이야기」(1926. 5), 「우리 신극운동의 첫길」(조선일보, 1926. 5), 「동경 축지소극장에서 〈인조인간〉을 보고」(개벽, 1928. 8) 등이 주목을 받았다.

그의 「소위 근대극에 대하야」는 서양의 사실주의 연극에 대하여 논술한 글로서 선구성이 있다. 입센이 현재의 사회를 위한 선전자(宣戰者)로서 문제극(問題劇)을 개척한 것은 인간 영혼의 해방과 구제를 목표로 하는 서양연극 전통에 기초를 둔 새로운 모색이었다는 전제에서 시작된 이 글은 프랑스의 자유극장, 독일의 자유무대와 신민중무대, 영국의 독립극장, 일본의 축지소극장 등 세계의 유수한 근대극운동에 관하여 언급하였다. "근대극은 결국은 인류의 영혼의 해방·구제를 사명으로 하여, 교련(敎練) 있고 수완 있는 예술적 지배자의 극적 표현을 중심으로 하여, 또 사회적 민중의 교화와 오락을 목적으로 하여, 인류의 공동생활에 공헌하는 데 그 의미의 전적 존재를 인

---

11) 大笹吉雄, 『日本現代演劇史』(明治, 大正篇), 白水社, 1990, pp. 281-282 참조.

정할 수 있다고 하였다."12)

그의 대학 졸업논문으로 제출된 버나드 쇼(B. Shaw)의 「인간과 초인」 연구는 부제가 지적하듯이, 그가 깊이 경도되었던 쇼 철학에 대한 비판적 성찰을 드러내고 있다. 그의 쇼에 관한 사숙과 영향관계는 여러 다른 글에서 보이지만, 이 논문이 가장 전문적인 것이라 할 만하다. 쇼에 관한 그의 관심은 한낱 지식적 이해와 수용의 차원을 벗어나서 1920년대의 암울한 민족적 현실을 타개하기 위한 개인적 혹은 민중적 '생명력 철학'을 모색하기 위한 과정으로 심도 있게 연구된 것이 주목된다.

그는 기존의 비평가들이 쇼의 생명력을 쇼펜하우어와 관련된 우주적 의지라고 동의한 것을 비판하였다. 이 비판의 관점은 의지·열정·이성 등이 독립적이고 개별적인 실재가 아니라, 이미 일반적으로 인정하고 있듯이, 한 통일체의 여러 국면에 해당되기 때문에 쇼의 생명력이 '의지의 체계'로 형성되었다는 기존의 평가는 오류를 범하였다는 지적이다. 오히려 쇼의 생명력은 '이성의 체계'에 의존하고 있다고 해명하였다. 그는 쇼의 생명력이 생명체의 주체적인 의지나 열정으로 부단한 시행착오의 과정을 겪으면서 보다 높은 단계로 진화를 갈망하기보다는 이미 생명체의 가치지향적 진화가 '위대한 목적' 혹은 '강력한 계획'의 구도하에 예정되어 있다는 논리로 파악하였다. 이렇게 쇼의 이성의 체계를 비판하는 가운데 수산은 '이성에 대한 의지의 우월성'을 강조하는 자신의 철학적 관점을 은연중

---

12) 『김우진 전집』 II, 「소위 근대극에 대하야」, pp. 115-119 참조.

에 표명하였다.

「창작을 권합네다」는 1925년 5월에 발족된 목포의 문학동인회 5월회(Société Mai, 이하 본문에서는 '5월회'로 통일함) 회원들에게 창작생활을 권유할 목적으로 씌어진 것이다. 이 동인회는 수산 자신이 지원하고 주도하였다. 여기서 독일의 표현주의에 관해 언급한 후, 당시 우리 문단의 실정을 논하였으며, 끝으로 그 자신이 생각했던 창작에 관한 의식과 이념들을 피력해 놓았다. 표현주의에 관한 화제를 택한 것은 그에 대한 개념이나 예술적인 특성을 소개하기 위한 목적이 아니라 당시의 한국 문단과 대비해 보기 위함이었다. 독일사람들은 전쟁의 비참과 신고와 초조와 고민 속에서 그것을 기피하거나 불성실하게 지나치지 않고 생명을 다하여 진실을 통찰하고 사색하고 느껴왔기 때문에 표현주의와 같은 새로운 예술을 이룩할 수 있었다고 하였다. 그런데 역시 미증유의 시련을 겪고 있는 조선의 문단에서는 지금 어떤 현상이 일고 있느냐고 그는 질문하였다. 일본의 문예를 모방하기에 급급하며, 그럼으로써 "천박, 부화하고 불철저한 피상적, 향락적 사상과 문예"밖에는 나오지 않는다고 하였다.

우리의 창작은 우리의 생활에 직접 관계가 있는 예술이어야 하고, 그렇게 되기 위해서는 첫째로는 계급에 눈뜰 필요가 긴박하다고 하였다.

둘째로는 동방예의지국이라는 고정관념 속에서 생명이 없어진 공허한 윤리적 고담을 되풀이하면서 살아온 것을 반성하고, 생활을 변혁시키고 새길을 인도해 주는 윤리의 통찰을 위한 창작이 이루어져야 한다고 하였다.

셋째로는 연애·결혼·모성과 같은 여성의 경제적 사회적 문제를 다루어야 한다고 하였다.

넷째로는 인생철학·생명·죽음·신·이상 등과 같은 테마들을 다루어야 하는데, 이상과 같은 이념적인 문제들은 절대적인 개념이 아니라 사회생활 속에서 상대적으로 나타나는 것이라 하였다. 그는 "자유롭게, 철저하게, 땀흘리는" 창작을 강조하였다.13)

「구미 현대극작가론」에서는 영국의 밀른(A. A. Milne), 이탈리아의 피란델로(L. Pirandello), 체코슬로바키아의 차페크(K. Čapek), 미국의 오닐(E. O'Neill) 등의 작품에 관한 소개와 평가를 첨가하였다. 밀른의 작품인 「핌씨의 통행」(1919)과 「도버 도로」(1921), 피란델로의 작품인 「작자를 찾는 6인의 등장인물」(1921)·「헨리 Ⅳ세」(1922)·「그렇지! 그렇게 생각하면」(1917)·「다 제멋대로」(1924)·「정직의 쾌락」(1917)·「나체」(1922), 차페크의 작품인 「인조인간」(1921)·「벌레의 생활」(1922)·「지극」(至極), 오닐의 작품인 「지평선 너머」(1920)·「안나 크리스티」(1921)·「느릅나무 밑의 욕망」(1924)·「털원숭이」(1922)·「황제 존스」(1920, 전집에 누락된 부분) 등은 모두 수산의 창작활동기와 동시대의 작품들이어서 그의 광범위한 독서량에 놀라움을 금치 못하게 한다. 아울러 그의 작품에 관한 분석과 평가는 매우 정밀한 선각성을 보여준다.

---

13) 『김우진 전집』 II, 「창작을 권합네다」, pp. 110-114 참조.

「자유극장 이야기」에서는 앙뜨완느(A. Antoine)의 자유극장 창설과 그 활동상, 연극사적인 업적 등에 관해서 자세히 소개를 하고 있다. 아울러 자유극장과 같은 운동이 전 유럽에 전파되어 사실주의와 자연주의를 정립시키는 계기를 마련하였음을 밝혔다. 그는 지금까지 한국의 신극운동이 효과가 없었음을 지적하고, 예술에 대한 아무런 양심이나 개성적인 방법론, 주체의식도 없이 일본식 신파연극을 그대로 수용 공연해 왔음을 비판하는 한편, 앞으로 자유극장과 같은 새로운 연극운동이 절실하게 요청됨을 말하였다.

홍해성과 공동 집필한 「우리 신극운동의 첫길」은 두 집필자들의 근대극에 대한 전문적인 능력이나 당시의 근대극운동에 대한 시대적인 필요성에 비추어 볼 때 주목된다. 앞서 「자유극장 이야기」가 서구의 근대극운동에 대한 하나의 구체적인 사례 소개라면, 이번에는 한국에서의 구체적인 근대극운동 전개 방안을 모색하였다고 볼 수 있다. 신극에 관한 정열의 일반화는 새로운 관객 개발을 통해 전개되어야 한다고 하였고, 창작극의 발전을 위해서는 외국 선진국의 훌륭한 작품을 수용하고 배워야 한다고 하였다. 또한 연극의 발전을 위해서는 무대예술가를 전문적으로 양성해야 한다고 하였고, 신극운동의 실질적인 방법으로 소극장의 건설과 공연, 회원제 실시 등을 제기하였다.

「동경 축지(築地)소극장에서 〈인조인간〉을 보고」는 당시 동경에서 공연된 차페크의 작품을 관극하고, 그 작품 내용과 함께 무대장치·연기력·연출 등을 언급한 것이다. 특히 그는 일본의 젊은 연출가 히지가타(土方與志)에 깊은 관심을 표하였다.

(5) 귀국 후 창작활동

1924년 3월 수산은 영문학과를 졸업하고 목포로 귀향하였다. 새로운 문화운동의 청사진을 품고 있었지만 '가업을 이으라'는 부친의 뜻에 따라서 상성합명회사(祥星合名會社) 사장을 맡아 직접 운영하였다. 그의 포부는 연극운동과 창작, 문예연구활동을 자유롭게 하는 것이었다. 홍해성의 증언을 빌면, "수산과 그는 서울에 전문극장을 짓고, 자신들이 극작과 연출을 하면서 근대극운동을 하고자 하였다"고 한다.14) 그는 애인 윤심덕이 뭇 남성들과 복잡한 관계를 지닌 것을 알고 있으면서도, 그녀의 재능을 장차의 연극운동에 기여케 하고 빛내 주기 위해 극단 토월회에 소개해 주기도 하였다.15)

회사 사장의 역할은 매우 분주하고 고된 일이었다. 더욱이 인생의 의미와 사회적인 목표를 기업경영이나 치부와는 전연 달리했던 그로서는 일을 맡은 지 얼마 안 가서 그런 자기 생활에 권태와 환멸을 느끼기 시작하였다. 완고한 부친은 그런 아들의 태도나 심정과는 상관없이 성실한 가업경영과 가문경영을 지속적으로 요구하였다. 이로써 부자간의 내면적 갈등은 점차 증폭되어 갔다. 그는 낮에는 회사 사무를 부지런히 돌보고, 밤에는 독서나 창작으로 지새움으로써 피곤한 몸을 더욱 피로하게 만들었다. 목포를 떠나 포부를 실현하는 것이 어려운 여건임을 알고 있는 그는 문예동호인들을 규합하여 1925년 6월에

---

14) 홍해성, 최후의 대화와 회상, ≪조선일보≫, 1956. 4. 7 참조.
15) 이두현, 전게서, p. 129 참조.

5월회를 조직하고, 동인지 『5월회』를 손수 발간하였다. 이 동인지는 3호까지 발간되었다. 부친은 아들의 심리적 안정을 위해 성취원 안에 따로 백수재(百壽齋)라는 2층 서재를 지어 주었다.16)

그의 희곡은 이 무렵에 창작되었다. 5편의 작품 가운데 「정오」·「이영녀」(1925. 9)·「난파」(1926. 5)는 유고로 남았고, 「두더기 시인의 환멸」(학조, 1926. 6)과 「산돼지」(조선지광, 1926. 11)는 지상에 발표되었다. 번역 희곡은 미필고로 쇼의 「워렌부인의 직업」(1894)이 남아 있다.

(6) 기타 서술활동

수산은 기회 있을 때마다 자신의 사상과 의지를 수상문(隨想文)으로 남겼다. 1919년 12월에 「타씨찬장」(陀氏讚章)을 썼다. 이 글을 통해서 그는 3·1운동 이후의 격동하는 시대 속에서 시대정신을 이끌 만한 훌륭한 시인이 되고 싶은 열망을 피력하였다.

1925년 6월에 쓴 「곡선의 생활」을 통해 그는 창조적 삶의 중요성을 강조하면서 그러한 삶은 고정된 도덕이나 율법·제도에 추종하는 데서 얻어지는 것이 아니라, 생명력을 가지고 부단히 투쟁함으로써 이룰 수 있다는 의지를 밝혔다. "이상주의 철학가는 창조와 이성과 완전을 얻으려고 살고, 나는 살려고 창조와 이성과 완전을 구한다. 이것은 패러독스가 아니다. 손쉽

---

16) 이두현, 전게서, pp. 129-136 참조.

게 다시 말하면 법칙 밑에 생이 있는 게 아니라, 삶의 밑에서 법칙이 생긴다" 는 전제에서 출발한 그는 "생명의 지침은 의식이다. 생명의 의식은 세계의 파괴요 또는 창조이다. 개조가 아니고 개혁이 아니다. 상상할 수 있는 시간과 공간 안까지는 되풀이하는 창조이다. 그러니까 개조라는, 개혁이라는 말 위에 머물러 서지 마라. 생명의 의식, 나는 이것에 희망을 둔다"고 하면서, 창조적 삶을 위한 생명의 의식을 통해 운명의 전환을 보아야 한다고 역설하였다. 그는 이상과 같은 생명의식이 깃든 창조적 삶을 곡선의 생활이라는 비유적 표현을 써서 정의하였다.17)

　1926년 3월에 쓴 「생명력의 고갈」에서, 그는 예술을 어떤 고정관념이나 일정한 개념으로 인식하는 태도를 경고하면서, 개념으로 어떤 행동이 시작될 때 그 행동이 불순한 것은 물론이고, 그 행동의 성과가 또한 무의미한 것이 돼 버린다고 하였다. 예술이 무의미한 유희가 되지 않도록 경고하였다. 당대의 조선 사람들에게도 새로운 변혁을 요구하는 마음이 충만되고 있음을 지적하고, 아울러 그러한 요구를 예술적으로 충족시켜 주는 일련의 창조적 행위가 절실함을 말하였다. 그러나 그는 그러한 시대적 요구에 대해서 충분히 응답하지 못하고 있는 자신을 포함한 예술가들을 안타깝게 여겼다. 그리고 그 근본원인을 생명력의 고갈로 보았다. 조선에서는 생의 요구나 충동이 부족한 것이 아니라 그것을 실현코자 하는 힘이 부족하다고 하면서,

---

17) 『김우진 전집』 II, 「곡선의 생활」, pp. 220-222 참조.

생명력의 고갈에는 어떤 자극과 충동을 주어야 한다고 하였다. 이상의 논지를 정리해 보면 예술은 생명력에서 창조되고, 창조된 예술은 다시 독자에게 생명력을 준다는 변증법을 발견할 수 있다.

미필고인 「자유의지의 문제」는 5월회 시기에 쓴 것으로 보인다. 이 글에서 수산이 중요하게 다루려 했던 문제는 진보와 자유의지의 관계였다. 진보란 불완전한 인간을 완전하게 해줄 수 있고, 그러한 완전을 위한 노력은 자유의지에 의해 이루어지는 것이므로 자유의지야말로 인간의 내면에 숨어 있는 '참의 신'이라 하였다. 이리하여 인간의 삶이란 곧 자유의지를 이용하고 배육시키는 것이라 부연하였다. 자유의지의 문제를 검토하기 위해서 심리학자들이 사용하는 개념인 자의(自意, voluntariness)와 부자의(不自意, involuntariness)의 실상을 자상하게 검토하였다. 이 검토에서 그는 자의라고 정의된 것이 실은 부자의한 것이고, 그 반대의 경우도 얼마든지 성립된다는 사실을 지적하면서 양자는 자유의지의 작용에 따라 변화되는 인과율과 깊은 관련이 있다고 하였다. 역사를 발전시키고 진보시키는 인과율을 지배하는 자유의지의 문제를 이처럼 중요하게 보았다. 노동자들의 집단적인 실력행사 역시 그들 자신에게 미치는 인과율과 그 인과율에 작용하는 자유의지에 의해 본질적으로 결정되는 것이지, 사회운동가의 단순한 선동에 의해서 이루어질 수 있는 것은 아니라고 했다.

일자미상의 「기록의 마력」 역시 5월회 시기에 쓴 것으로 보인다. 선인에 의해서 기록된 것이면 무엇이든 과신하고 맹신하

1. 생애와 저작활동   *35*

는 인습에서 벗어나 각자가 스스로 생각하고 판단하는 진정한 문명인이 되어야 한다는 주장을 담은 이 글은 또한 그의 개성을 잘 드러내고 있다. 기록된 것을 맹신하는 버릇은 야만인이나 미개인뿐만 아니라 개명인, 문화인에게도 크게 지배되고 있는 인류 공통의 미신적 본능이라 하였다. 현재의 사람들이 공자(孔子)가 살았을 당시의 그 시대의식을 알 수 없는데도 덮어놓고 선왕의 법을 따르라고 가르치고, 또 그대로 추종하고 있는 것은 일종의 독연에 마비되는 것이나 같다 하였다. 공자교(孔子敎)는 귀납적인 것이 아니라 연역된 강령인데, 우리 민족은 오랫동안 그러한 독연기에 젖어 창의적인 사고를 마비시켜 왔다고 비판하였다. 무엇보다도 무서운 점은 공자교가 자유의지를 견박(見縛)하는 교훈을 강요하는 것이라 하였다. 기록에 마비되지 않고 자유의지를 갖는 것이 창조적인 삶의 길임을 강조하였다. 아울러 그는 당시의 신청년, 신여성을 자처하는 젊은 세대들에게도 기록을 맹신하는 우를 범하고 있다고 경고하였다.

　일자미상의 「초야권」(初夜權)도 같은 시기에 씌어진 것으로 보인다. 이 글은 제목 그대로 처녀의 초야권 문제를 중심으로 남성 대 여성의 불평등한 관계를 비판한 것이다. 문명인들이, 특히 남성들이 여성의 순결과 정조를 문제삼고 그들에 대해서 초야권을 고집하고 있는 것이야말로 진정한 의미에서 아직도 미개인과 같은 처지임을 비판하였다. 그는 초야권을 고집하고 있는 남성뿐만 아니라, 그러한 가치기준에 타당한 이유 없이 덩달아 동조하고 나서는 여성들까지 비판하였다. 특히 당대의 신여성을 자처하는 여자들까지도 소위 순결에 대해서는 거의 맹목적으로, 혹은 주위 사람들에게 체면을 고려하여 고수하고 있는 현실을 꼬집으면서 그런 거짓스런 태도를 지적하였다. 그는 남성의 기준에 맹종하는 여성을 불쌍한 여성으로 보았다. "처녀성에 대한 유일무상한 미신을 버리고 자기네들이 이 초야권의 주재자가 되지 않는 동안 정조문제란 영원히 여성에게 다시 피치 못할 철강(鐵鋼)에 지나지 못할 것이다." 그의 글은 이렇게 끝맺고 있다. 이상의 글을 통해서 알 수 있듯이, 그는 남녀의 문제를 각자의 자유의사로서, 각자의 주체성에 입각해서, 나아가서는 각자의 인생관에 기초하여 새로이 정립해야 한다는 지론을 안고 있었으며, 또한 몸소 그러한 지론을 실천에 옮긴 시대의 첨단자였던 것이다.[18]

1926년 6월 9일 서울에서 씌어진 「아 프로테스토」는 수산이 목포의 집을 나온 '출가의 변'을 친구 조명희에게 남긴 글이다. 그는 이 글을 남기고 동경으로 건너가 홍해성과 잠시 동거하면서 극작품 「산돼지」를 썼다. 자살 2개월 전이었다. 이 글은 두 사람의 대화체로 엮어져 있는데, 두 사람은 모두 수산 자신의 분신이자 내면적 갈등을 대표하는 인물이기도 하다. 이 글에 나타난 뜻을 요약해 보면, 지금까지의 처지와 경우에 얽매인 가정생활에서는 미지근한 타협이 불가피하므로 차라리 집을 떠나서 생활의 완미(完美)를 추구해 보겠다는 것이다. 그는 타협을 비상(砒霜)이나 독으로 여길 정도로 증오하고 있으며, 자신 같은 기인(奇人)의 생활에는 '이상(異常)이 곧 평상(平常)'이기

---

18) 『김우진 전집』 II, 「초야권」, pp. 209-212 참조.

에 가출함이 조금도 이상할 것이 없다고 단언한다.

자신이 가장 아끼는 것은 '내 속 생활'이라고 밝히고, 부친·처·자식들과도 헤어질 수밖에 없는 것은 그 속 생활 때문이라는 것이다. 종래에 그가 주창해 온 창조적 생명력을 충실히 발휘해 보기 위해 그는 인습과 전통과 도덕에 대해 과감히 저항하려는 결심이었다. "내 속에서는 어찌할 수 없는 내 생명이 뛰놀고 있다. 아버지 같은 이는 문학의 중독이라고 하겠지. 중독도 좋다. 내게는 이것만이 제일이니까." 이처럼 그는 자신의 내면적 의지를 굽히지 않았다.[19] 부친과 처자에 대해서는 시종 존경과 애정을 잃지 않으면서도 현실적으로는 결코 타협하지 않겠다는 것이 그의 변함없는 의지였다. 동경에 있는 동안 그는 자살이냐 독일유학이냐 하는 생각으로 갈등했던 것으로 보인다.[20]

1926년 6월 21일자로 수산은 「출가」라는 글을 또 하나 남겼다. 조명희의 증언에 따르면 그가 동경으로 건너간 뒤 써 보낸 것이라 한다. 이 글은 그의 출가에 따른 심경을 밝힌 마지막 인생론이라 할 수 있으며, 그의 사후에 세상에 발표되었다. 이 글 역시 A와 B라는 두 사람의 대화체로 엮어져 있고, 여전히 그의 생명력의 철학은 지속되고 있다. 그는 지금까지의 생활을 이원적 생각, 제2의적인 철리라 부르고, 그것은 일종의 상징의 세계인데, 이제부터는 그러한 상징에서 벗어나 참생활·참생명에서 살 수 있게 되었다고 말하면서 "첫 힘을 발견했다"고 실토하였

---

19) 『김우진 전집』 II, 「아 프로테스토」 참조.
20) 『김우진 전집』 II, 서간문(조명희에게 보낸 편지), pp. 237-244 참조.

다. 지금까지는 깨닫지 못하였으나 본래 자신의 내면 속에 간직되었던 생명의 힘과 생명의 샘을 드디어 확인하고 찾아낸 듯이 그는 부르짖었다. 그는 자신의 결행(決行)을 기뻐하였다.

그는 독일의 표현주의 작가 한센클레버(Hansenclever)의 「아들」에 나오는 대사의 한 구절을 가지고 「출가」를 끝맺었다. 공교롭게도 그가 맨 마지막으로 남긴 말은 언제나 애증관계에서 벗어날 수 없었던 '부친에 대한 것'이었다. 물론 여기서 부친이란 가정생활, 전통, 인습, 목포에서의 사회생활을 총체적으로 표상하는 것이기도 하다.[21]

(7) 윤심덕과의 관계

수산의 생애와 인연을 맺었던 여성과 그의 작품에 표현된 여성상은 서로 밀접한 관련을 지닌 것으로 해석된다. 앞서 기술한 대로, 그는 1916년(19세)인 구마모토농업학교 2학년 때, 부친의 권유에 따라 곡성 출신의 정점효(鄭點孝)와 결혼하였다. 이 부인은 그의 자살 이후에도 남매를 키우고 가문을 이끌어 왔으며, 독실한 가톨릭신자로서 살았다. 만년에는 목포의 집 성취원(成趣園)을 가톨릭교회에 기부하고 인근의 유안당(遺安堂) 농장에서 혼자 지냈다. 서울 삼선교에 살았던 아들(김방한 교수)의 집을 방문했다가 그곳에서 타계했다. 수산의 결혼에 관한 심리적 갈등은 「첫날밤」이라는 시에 잘 드러나 있다.

---

21) 『김우진 전집』 II, 「출가」, pp. 193-197 참조.

아 지난 날에
나는
희생의 주라아나로
너를 몇 번이나
그려보았든고.
그러나 이날 밤
같은 자리에
같이 누워서
한 마음으로
천년 만년 축수하며
뜨겁게 입맞추나
너와 나의 앉은 자리
앉은 자리
만리 억리
떨어져 있어라.
너와 나의 앞길
동으로 서으로
끝없이 헛갈려 있어라.

― 「첫날밤」 일부 ―

    농업학교 3학년 때 그는 어떤 일본 여성을 사귀었던 것으로 보인다. 그의 일기 1920년 3월 5일자에는 지난날을 회상하면서 1917년 7월 10일에 씌어진 시 「새로운 이성의 친구를 얻고」가 동시에 게재돼 있다. 이 시를 통해서 그의 이성에 대한 관심을 알 수 있다.

    나를 위해서 언제나 열려진 당신이

창가를 지날 때
나는 당신의 입술을 알고 있다.

괴롭고 괴로운 힘든 일
그리고 돌아오는 길 더듬으며
저기에는 한 사람의 친구가 있단다
라고 마음 속으로 되풀이할 때
당신의 입술은 달콤하게 향내 어린다.

—「새로운 이성의 친구를 얻고」일부—

　1918년에 그는 대학예과진학을 준비하기 위해 도쿄의 신주쿠에서 하숙생활을 시작했다. 이 해에 딸 진길(辰浩)이 태어났다. 일본 유학 중 부인과 함께 생활한 적은 없었고, 방학기간에만 잠깐 부인과 상봉하는 것이 고작이었다.
　1920년(23세) 늦가을에 그는 과로한 탓으로 이노우에 안과(井上眼科)에 입원해야 했다. 이것을 계기로 그곳 간호사인 고토 후미코(後藤文子)와 연애에 빠지게 되었다. 이 때의 심사는 시「이국의 소녀」,「이단의 처녀와 방랑자」,「사랑의 가을」에 잘 나타나 있다. 이들의 사랑은 얼마 뒤 그녀의 돌연한 죽음으로 충격적으로 끝나고 말았다.

기이하게도
아폴로의 살빛 위에
루루의 웃음이 넘치고
마돈나의 눈빛 속에
나나의 입술이 붙었다.

기이한 이국의 소녀여!

―「이국의 소녀」 일부―

    1920년 봄에 그는 유학생들을 규합하여 극예술협회를 결성하였다. 국내에서 하고 있는 낡은 신파극을 비판하고 새로운 근대극을 연구하고 실현하자는 선각적인 목적이었다. 이듬해 여름방학에 그는 극예술협회원들을 이끌고 귀국하여 전국에 걸친 연극순회공연을 했다. 연극의 막간에 홍난파와 한기주의 연주, 윤심덕의 독창까지 곁들인 행사였다. 7월 8일 부산을 출발하여 8월 18일 함흥까지 40일 동안에 25개 지역을 순회하며 새로운 연극을 선보였고 실로 대단한 영향을 끼쳤다. 그리고 이 공연은 그와 윤심덕의 마지막을 결정짓는 '운명적 만남'의 계기가 되었다.

    수산과 윤심덕의 관계를 기술하기 위해 그녀의 생애를 소개하기로 한다. 그녀에 관한 자료는 고증이 충실하게 이루어진 『흘러간 성좌』(林鐘國·朴魯埈 편저, 국제문화사, 1966)의 기록을 참고하고자 한다. 윤심덕(尹心悳)은 1897년 1월 26일 평양 순영리 143번지에서 윤석호(尹錫浩)의 둘째 딸로 태어났다. 수산과는 몇 달 앞선 동갑이었다. 언니인 심성(心聖)은 이화학당 출신으로 미국에서 귀국한 청년신사 신덕(申德)과 결혼했고, 연희전문학교 출신이자 성악가인 남동생 기성(基誠)은 1924년에 미국유학을 떠났으며, 막내 여동생 성덕(聖悳)은 피아니스트로서 1926년에 미국유학에 올랐다. 이 두 아우의 유학에는 그녀의 도움이 결정적인 기여를 했다. 우에노(上野)음악학교에서 수학한 그녀 역시 이탈리아유학의 꿈을 지니고 있었다. 선구적인 음악가족이었음을 쉽게 알 수 있다.

그녀는 숭의여학교·평양여자고등보통학교를 거쳐 장차 여의사의 길을 가고자 했지만, 침착하지 못한 성품이 의학에 맞지 않을 점을 고려하여, 경성여자고등보통학교 사범과로 진학했다. 평양말로 '왈녀'(왈가닥스럽다는 의미)라는 별명을 얻을 만큼, 그녀의 성품은 활발하고 개방적이고 고집스러웠다. 학창시절에 무엇보다도 '노래 잘하는 학생'이었다. 1918년에 그녀는 원주공립보통학교 교사가 되었고, 이듬해 춘천공립보통학교로 옮겼다.

1920년 봄, 의무연한을 채운 후 모교 교장으로부터 관비유학생 추천을 받아 우에노음악학교 성악과에 유학했다. 그녀가 자살하자 학창생활을 묻는 기자의 질문에, 무라카미(村上)음악학교장은 '윤씨는 외국인 위탁생이고 고등사범과에 특별하게 입학했기 때문에 본교 졸업생이 아닌 셈이다. 대단히 활발한 학생이었다'고 술회했다. 정식 졸업자이기보다는 수료자로 취급되었음을 알 수 있다.[22]

1922년 봄에 성악과를 수료한 그녀는 즉시 귀국하여 교육자의 길을 가지 않고 도쿄에 그대로 머무르면서 지냈다. 이 무렵에 수산과 윤심덕은 무척 가까운 관계로 발전한 것으로 보인다. 1921년 11월 26일의 일기에는 두 사람의 관계를 암시하는

---

[22] 川瀨絹,「尹心悳 情死攷」,『한국연극학』11호, 한국연극학회, 1998. 11, p. 378 참조.

다음과 같은 내용이 적혀 있다.

과거 1년의 사건들 중 나는 열렬히 자신의 운명에 대한 저주를 들었다. 그것은 끊임없이 나를 위협, 핍박한 악마이다. 이 악마의 포위 속에서 단 한 번이라도 마음의 안일을 준 것은 그녀였었다. 아아, 나는 자기성찰, 자기충만을 위해서만 사랑을 배분한 것인가? (중략) 나는 그녀에 외면하리. 과연 그것이 참일까. 도덕적 양심은 나를 구속할 것이지만 나의 마음을 번민케 한 것은 자기의 힘이 약한 때문이다. 자기의 운명적 견인(牽引)인 것이다.

1923년은 윤심덕의 해였다. 귀국 후 제1회 독창발표회를 서울 기독교청년회관에서 가졌고, 최초의 소프라노가수로서 명성을 얻자 숱한 음악회로부터 초청을 받게 되었다. 대중적인 인기가 높아지면서 그녀에 관한 남성들의 접근도 많아졌다. 몇 가지 대표적인 사례를 들어 보면 박정식(朴正植)의 짝사랑, 김홍기(金鴻基)와의 혼담, 이용문(李容汶)과의 염문 사건을 들 수 있다.

일본대학 영문과를 다니던 박정식은 우에노음악학교의 윤심덕을 본 이후 짝사랑하게 되었고, 끝내 그녀가 마음을 주지 않자 발광(發狂)하여 병원에 갇히게 된 소심한 남성이었다. 함경남도 출신의 부호청년 김홍기는 윤심덕과 결혼을 전제로 한 데이트를 즐기던 중에 사소한 말다툼으로 결별하게 되었다. 그만큼 그녀는 자존심이 강했다. 이용문은 서울의 낙산 밑에 살던 갑부로서 여러 첩을 거느린 부동산가였다. 1924년 가을, 남동생 기성의 미국유학자금을 마련하기 위해 동분서주하던 윤심덕과 평소 그녀의 명성에 호기심을 지녔던 이용문이 그의 사랑에서 만나게 되었다. 두 사람은 각기 상대방을 필요로 했고, 서로의 욕망을 채워 줄 수 있는 존재였다. 11월 17일에 기성은 누이의 전송을 받으며 유학의 장도에 올랐다. 그의 품속에는 6백원의 거금이 들어 있었고, 그 돈은 이용문이 윤심덕의 몸값으로 제공했다는 소문이 장안에 파다했다.

　1925년 6월 하순, 시끄러운 염문을 피해 중국 하얼빈에 반년간이나 잠적했던 그녀는 서울 서대문의 본가(1923년에 평양에서 이사한 집)로 되돌아왔다. 하얼빈에서는 어려서부터 친히 지내던 감리교 목사 배형식의 집에서 기숙했다. 그녀가 이렇게 명성과 염문을 뿌리고 다니는 동안, 그녀를 사랑하고 아끼는 수산으로서는 지독한 고통과 번민과 걱정으로 나날을 보낼 수밖에 없었다. 개성이 강하고 사교의 범위가 넓었던 윤심덕이 때로는 그를 더욱 피곤하고 짜증나게 했을 것이고, 이른바 신여성이었던 그녀의 오만과 자존심이 때로는 증오스럽게 보이기도 했을 것이다. 수산에게 윤심덕은 항시 '사랑과 미움이 공존'하는 대상이었다. 그렇지만 천부적인 재능을 아끼는 그는 결코 그녀를 포기하지 않았다. 이 해에 수산은 아들 방한을 얻고 무척 기뻐했다.

　목포에서 문학동인회 활동을 하고 있던 수산과 오랜 방황 끝에 서울에 나타난 그녀 사이에는 장래의 문제에 대한 몇 차례의 논의가 오갔다. 장차 극장을 세우고 근대극운동을 꿈꾸고 있던 수산은 그녀를 여배우로 성숙시키기 위해 극단 토월회(土月會)의 입단을 강력히 권고했다.

1922년 초봄, 우에노음악학교 졸업기념공연에 그녀는 배우로 출연한 사실이 있었다. 이 때 그녀의 연기를 지켜본 데이코쿠(帝國)극장 지배인은 월봉 150원에 전속계약을 하자는 제의를 했고, 그녀는 배우보다는 음악가의 길을 택하고자 하여 청을 거절했던 것이다.

　1926년 2월 3일 토월회의 입단이 이루어졌다. 그러나 그녀의 고집과 우월감, 개성은 단원들과의 화합을 어렵게 만들었다. 가족들의 반대도 심해서 홀로 집을 나와 와카쿠사초(若草町, 현 초동)의 일본인이 경영하는 여관에 머무르며 극장 광무대의 연습장으로 다녔다.

　2월 6일 첫무대의 막이 올랐다. 그녀가 여주인공 연실(蓮實, 원작의 안나) 역으로 출연한 작품은 「동도」(東道, 3막)였다. D. W. 그리피스 원작의 「동쪽길」을 연출가 이경손(李慶孫)이 번안한 것이다. 이 외에도 광무대에서는 「놓고 나온 모자」(1막), 「밤손님」(1막)이 동시에 공연되었다. 그녀는 배우의 예명으로 윤리다(尹理多)를 쓰기로 했다. 가족들은 그녀의 무대 진출을 만류하기 위해 객석을 지키고 있었지만, 낌새를 알아차린 그녀는 연극이 끝나자 곧장 도주했다. 전후관계로 보아서 수산이 이 공연을 관극하기 위해 상경했던 것은 의심의 여지가 없다.

　배우의 길에 막 나선 그녀에게 토월회 단원들의 분열은 큰 충격을 주었고, 실의에 빠지게 했다. 극단 경영진과 간부급 배우들 사이에서 발생한 불화는 마침내 임시해산(臨時解散)으로 이어졌다. 급진적인 윤심덕 역시 탈퇴파에 가담했다. 그리고 이 탈퇴파들은 1926년 2월 24일 새로운 근대극단체인 백조회(白鳥會)를 중앙청년회관 식당에서 조직했다. 김기진・연학년・이성해・김동환(이상, 각본부)・이백수・박제행・윤심덕・홍범기・이용구・권명덕・차윤호・이진원・송기환・김세영(이상, 출연부)・김복진・안석영・이승만(이상, 무대장치부)・윤심덕・박철희(이상, 음악부)・김을한(전무) 등이 그들이다.

  윤심덕은 일본인 여관에서 단성사 부근의 수은동 오다(奧田) 사진관 뒤에 방을 얻어 이사했다. 자취보다는 주로 매식을 했다. 새 극단의 운영도 제대로 되지 않고, 가끔 청탁이 오는 라디오 출연과 레코드 취입을 하면서 생활은 매우 어렵고 고독하게 지냈다. 이 무렵부터 그녀의 언동은 나날이 거칠어지고, 깊은 허무주의에 빠졌으며, 일종의 피해망상과 과대망상 현상이 짙어지기 시작했다.

  "세상의 남자는 모두 악마같아. 나는 언제든지 한 사람을 죽이고 죽을래. 그러나 그 죽이는 사람은 아주 천진하고 죄없는 순진한 남자일거야."
  "세상에 나같이 불행한 여자는 없을 거야. 지금 내가 내 처지를 돌아보고 나를 응시할 때에는 사실 기가 막혀. 나는 나를 너무 잘 아는 것이 걱정이야."
  "현재 나의 아버지는 친아버지가 아니에요.(물론 거짓말이다.─필자) 그래서 우리 집에선 딸 셋 중에서 내게만 제일 박하게 해 주는 거에요. 이런 기가 막힐 노릇이 또 어디 있겠어요?"
  "나는 찰라에 살지요. 다시 말하면 나는 찰라미(刹那美)에 사는 사람이에요. 이 찰라미를 얻을 수 없게 된다면, 그때 가서는 나는 죽는 사람이나 마찬가지에요. 난 사십이 넘도록까지는 살아있지 않을 작정이에요."[23]

당시 그녀가 주위 사람들에게 한 말은 대체로 이상과 같았다고 한다. 윤심덕은 이렇게 갈등과 절망으로 지냈다. 또한 이런 생활은 수산의 목포생활과 대체로 일치하는 것이었다. 이 무렵부터 그녀는 자살을 생각하게 된 것으로 여겨진다.

(8) 자살철학

앞서 기술한 대로, 수산은 영문학과를 졸업하고 목포로 귀향했다. 문화운동의 청사진을 실천하고 싶은 마음은 간절했지만, 부친의 뜻을 거역하고 대학으로 진학하여 수년간을 일본에서 지낸 것에 대한 미안함으로 일단 가정으로 돌아올 수밖에 없었다. 그리고는 적성에 맞지 않은 회사 사장이 되었다. 그는 사원과 날품꾼들을 따뜻하게 아끼고 돌보는 사장으로서 유명해졌다. 회사의 경영상태도 우량한 편이었다. 그러나 개인적으로는 그런 자기 생활에 권태와 환멸을 느끼며 지냈다. 완고한 부친은 그런 아들의 태도나 심정과는 상관없이 성실한 가업경영과 가문경영을 지속적으로 강요했다. 그의 내면적 갈등은 점차 증폭되어 갔다.

낮에 사무를 돌보느라고 피곤해진 몸을 쉴 겨를도 없이, 밤에는 독서나 창작으로 지새움으로써 피곤한 몸을 더욱 피로하게 만들었다. 한편 그는 고향의 청년들에게 새로운 세상과 삶

---

23) 임종국·박노준, 『흘러간 성좌』(윤심덕편), 국제문화사, 1966, pp. 273~274.

을 일깨우고자 문예동호인들의 모임인 '5월회'를 조직하고 동인지를 손수 발간했다. 부친은 아들의 심리적 안정과 가정 내의 정착을 위해 집안에 별도로 '백수재'라는 2층 서재를 지어 주었다. 이 무렵에 그는 희곡「정오」,「이영녀」,「두더기 시인의 환멸」,「난파」 등을 썼다. 마지막으로 집을 떠나기 전에 탈고한「난파」에 나타난 그대로, 그는 자신이 세상에서 펼치고 싶은 새로운 문화사업과 자신의 뜻에 따른 자유로운 삶, 그리고 사랑의 실현이 쉽게 이루어질 수 없게 되었음을 자각하고 좌절하고 절망했다. 내성적이고 비타협적이고 자존심이 강한 성격이어서 절망은 더욱 커졌다. 당대 최고 지식인으로서 마음대로 조국을 위해 활동할 수 없었던 일제식민지의 환경도 그를 절망시킨 원인의 하나였다.

그는 결국 출가(出家)를 결심했다. 출가 당시, 그의 마음에는 자유로운 삶의 추구에 대한 의지와 현실포기에 대한 자살심리가 혼재돼 있었다. 몸이 피곤하여 시골에 가서 잠시 요양이나 하고 돌아오겠다고 목포의 집을 떠난 수산이 서울에 나타났다. 1926년 6월 9일이었다. 이날, 서울에서 씌어진「아 프로테스토」는 목포의 집을 나온 '출가의 변'을 친구 조명희에게 남긴 글이다. 6월 10일에는 당시 교토에서 대학졸업을 준비하고 있던 아우 철진에게「마지막 서신」을 띄웠다.

> 이것은 내 출가의 통지이니 만날 때(When?)까지의 최초 최후의 것으로 쓴다. 나는 이 행동이 불가피의 길이요, 내의 살아가는 유일의 길인줄만 네가 양해하면, 슬플것, 아플것, 분한것, 불평, 기대, 모든 잡념이 업서질줄 안다. 나의 있는 곳 또 엇더케 지내는 것,

1. 생애와 저작활동

알려고 애쓰지 말어라. 나는 일개의 쁘루죠아 출신의 프로레타리아가 되여서 어대, 어느땅이든지 가는대로 가보겟다.(중략)

이것은 영구한 출가. 예젼의 모든 관계 —— 혈연과 지위 —— 를 전혀 끈었다. 네의들도 이점을 각오하지 안는 동안, 나는 영구히 너이들을 안보겟다. 다만 한 개의 인간동지로서만 (다시 만날 기회가 잇스면) 만나지만.

— 김방한 선생 제공 자료 —

온 가족과 혈연을 끊을 뿐만 아니라 이승에서의 재회의 약속도 할 수 없다는 비장한 내용이 담겨 있다. 이런 서신들은 수산의 거처와 행동을 철저히 숨긴 가운데 송달되었다. 서울에서 그는 윤심덕을 만났고, 짧은 기간 동안에 그들의 심경은 '동반자살'의 방향으로 기울어지게 되었다.

1926년 6월 21일, 도쿄에 도착한 수산은 다시 「출가」라는 글을 남겼다. 「아 프로테스토」에서 밝힌 자신의 입장을 보다 구체적으로, 논리적으로 체계화한 글이다. 그리고 나중에 밝혀진 일이지만, 6월 24일자로 고향의 아내에게 「유서」를 남겼다. 이미 자살을 결심하고 있었다.

진길모 보시요.
나는 먼져 어머니 게신 곳으로 가겟소.
집을 떠나올 때에 아모 말 업시 온 것을 용서해 쥬시오. 여러 말로 기록치 아니합니다. 다만 원하기는 몸 튼튼하야 진길 방한이를 위하야 죠은 어머니가 되어 쥬시오. 당신과 갓치 잇는 동안에 여러 가지 불안하게 한 일을 조금도 생각치 말고 니져 쥬시기를 빕니다.

6월 24일 우진

아내에 대한 미안함, 딸 진길(辰洁)과 아들 방한(芳漢)을 잘 키워달라는 마음을 이처럼 간절하게 적었다. 아울러 이「유서」의 끝에는 성장한 후 아버지의 자살에서 받을 어린 조카의 충격을 염려하여, 수산의 아우인 철진과 익진이 1928년 2월 16일자로 기록해 넣은 '당부의 말'(此紙난芳漢長成함을待하야傳하라)이 첨가돼 있다.

자살을 결심하고 난 이후, 수산과 윤심덕은 각자 자신의 마지막을 위한 창작을 준비했다. 수산은「산돼지」라는 희곡을 조명희의 도움을 받아 완성하고자 했고, 윤심덕은「사의 찬미」의 취입을 준비했다. 도쿄에서 함께 지낸 친구 홍해성, 서울의 친구 조명희는 물론, 주위의 누구에게도 수산의 행동은 위장돼 있었다. 독일유학을 준비하고 있다는 주장이었다. 때마침 윤심덕은 오사카 닛토오(日東)레코드(흔히 제비표로 불렀다.— 필자)사로부터 신곡과 전통속요(俗謠)를 취입해 달라는 요청을 받은 상태였다. 두 사람은 자신들의 모든 작업이 끝나면 오사카에서 재회하기로 하고, 서울역에서 헤어졌던 것이다.

도쿄에 도착한 수산은 자신이 소개하여 축지소극장에서 활약하는 친구 홍해성의 집에 기숙했다. 방은 바라크 지붕 바로 밑층이어서 무척 더웠다. 목포의 아버지로부터 보내오는 귀가 권고의 방문객들을 교묘히 따돌리거나 완강히 거절하면서 그는 창작에 몰두했다. 한편, 그녀는 오사카의 오카하루(岡春)여관에 머무르면서 레코드회사에서 20여 곡이 넘게 취입했다. 그녀가 아름다운 목소리로 부른 대표곡「사의 찬미」는 동생 성덕이 피아노반주를 해주었고, 멜로디는 요한 슈트라우스 작곡의「다

뉴브강의 잔물결」이었다. 「사의 찬미」의 작사자는 미상이다. 그러나 그들의 동행으로 보아서, 합작으로 볼 수밖에 없다.

    황막한 광야에 달리는 인생아
    너의 가는 곳 그 어디매냐
    쓸쓸한 세상 험악한 고해에
    너는 무엇을 찾으려 하느냐.

    잘 살고 못 살고 찰라의 것이니
    흉흉한 암초는 가까워 오도다.
    이래도 한 세상 저래도 일생
    돈도 명예도 내 님도 다 싫다.

 7월 말에 윤성덕은 미국유학의 장도에 올랐다. 취입을 끝내고 요코하마까지 동생을 배웅한 윤심덕은 다시 오사카로 갔다. 수산은 7월 31일자로 일기책을 정리하고, 표지에 "나는 나 이외 사람들의 욕이나 침이나 매를 무서워하지 않는다. 다만 분한 것은 만일의 오해뿐이다. 이 기록의 단편들이 이것만을 피해 주게 하는 데 참고가 되면" 좋겠다는 유언을 김익진·조명희·홍해성에게 남겼다.24) 8월 1일 희곡 「산돼지」 원고를 조명희에게 보내면서, "만일 원고료를 준다면, 동경의 홍해성에게 보내 주시오. 그 까닭은 일후 아시리라"는 자살암시를 동시에 적어 보냈다.25)

---

24) 『김우진 전집』 II, 일기 「마음의 자취」, p. 245.
25) 『김우진 전집』 II, 서간문, p. 243.

도쿄의 수산에게 어느 날, 그녀로부터 전보가 날아들었다. 자살하겠다는 내용이었다. 훗날 홍해성은 당시를 다음과 같이 회고했다.

일본 대판(大阪) 모 축음기회사에 취입하러간 수선(水仙, 윤심덕의 아호)에게서 뜻밖에 자살하겠다는 전보가 왔군요. 수산은 그 전문을 읽고 곧 자동차로 동경역(東京驛)으로 나가는 길에 차내에서 나에게 말하기를, 자기가 가서 말리지 못할 때는 내게 다시 타전(打電)할 터이니 대판으로 와 달라면서, 인간일생 삼난(三難) 중에 여난(女難)이 제일난관이니 서로 조심하자느니, 또 조반전 흡연은 그 해독이 극심하니 피우지 말아달라느니, 힘차게 살아가자느니, 자동차가 서천을 등지고 가노라니 차내후창에 비치는 석양 노을이 찬란한 황금빛깔로 물들인 구름장을 뒤로 바라보면서 어린 아이처럼 기뻐 뛰며 즐거워하던 그 모습은, 지금도 나는 석양노을 볼 때마다 수산군생각이 나고 외롭고……26)

1926년 8월 3일 밤 11시, 시모노세키(下關)에서 부산을 향해 출발한 관부연락선 덕수환(德壽丸)은 4일 새벽 4시경에 쓰시마(對馬島) 근처를 지나고 있었다. 선실을 순시하던 1등실 급사가 3호실 방문이 열려 있는 것을 발견했다. 방안을 둘러보던 급사에게 '보이에게'라고 쓴 봉투가 눈에 띄었다. 5원 지폐 한 장과 또 하나의 봉투가 속에 들어 있었다. '대단히 미안하오나 이 유서를 원적지로 부쳐 달라'는 글귀가 적혀 있었다.
배는 바다 위에 멎고 선원들은 주위를 샅샅이 수색했다. 아무

---

26) 홍해성, 전게문.

런 흔적도 발견하지 못했다. 선장은 선객들의 명단을 조사했다.
 '전남 목포 북교동 김수산 당년 30세 남'
 '경성 서대문 1정목 173 윤수선 당년 30세 여'
 두 사람의 신원이 밝혀졌다. 선실에 걸려있던 그녀의 양복에는 우에노음악학교 배지가 달려 있었다. 가방 속 여자의 유품으로는 의복 10여 점, 순금 손목시계 하나, 현금 121원, 그리고 상해에 거류하는 미국인 Y. 다크 카가 서명한 영문소설 원고가 1편 있었다. 남자의 유품은 현금 18원과 의복 수점뿐이었다. 그들의 자살은 한일 양국에 커다란 충격을 던졌다. 윤심덕에 관심이 이끌리기 시작할 때, 수산이 '운명적인 견인'(牽引, 1921년 11월 26일 일기)이라고 한 것처럼, 그들의 동반자살은 말 그대로, 서로 운명적인 이끌림이 되었다. 그가 유학시절(1922년 10월 20일)에 쓴 시「방랑자의 묘명(墓銘)」과 같이 그의 방랑은 이렇게 끝나고 말았다.

   때가 와서
   큰 수확자의 날카로운 낫은
   인생의 광야로부터
   이 작은 생명을 베어들였도다.

   그이는 꿈에도
   가을날을 생각 못하였으나
   때 와서
   가을은 그이를 수확하였도다.
   아, 때 와서.

          ―「방랑자의 묘명」일부―

여러 가지 자료를 종합해 볼 때, 수산과 윤심덕과의 관계는 세론(世論)이 피상적으로 생각하듯이, 그렇게 로맨틱하고 행복한 만남이 아니었다. 가정적인 갈등, 사회를 바라보는 지식인으로서의 고민, 성격적인 고독과 우울, 현실과 이상과의 괴리에서 오는 울분 등을 서로 이해하고 위로받기 위한 복합적인 상태의 만남이었음을 알 수 있다. 어머니의 사랑을 충실히 받지 못하고 계모의 밑에서 자라난 그는 고독함 속에서 늘 몸부림쳤다. 그런데 그 자신마저 아내를 외면하고, 다른 여자를 사랑하게 되었을 때, 그는 차라리 아버지나 자신보다도 그들을 그 지경으로 몰아가게 하는 여성이란 존재 자체가 숙명적으로 원망스럽고 저주스럽게 느껴졌으리라. 이러한 환경과 심리가 때때로 그로 하여금 여성혐오 증세를 가져오게 한 것으로 생각된다.

그처럼 열렬히 생명력의 철학과 자유의지를 부르짖었고, 마지막까지도 "나는 살 뿐이다, 사는 그것뿐이다"라고 절규하던 그의 자살이야말로 인생의 아이러니에 대한 웅변이 아니고 무엇이랴. 어쩌면 그에게는 자살이야말로 '하나의 진정한 삶의 길'이었는지 모를 일이다. 그는 삶 자체를 가장 중시했고, 자신의 의식과 체험을 진실·진지하게 표현하는 것을 문예의 제1 과업으로 삼았다. 언제나 인습을 거부했고, 가부장적 권위에 반항했으며, 미지근한 타협보다는 차라리 고독을 즐겼다. 윤심덕과의 사랑·가출·도피생활 역시 새 삶을 위한 몸부림이자 싸움이었다. 심지어는 자살마저도 그에게는 현실극복의 최후수단이었던 것으로 해석된다.

그의 희곡은 가운데서 「두더기 시인의 환멸」에는 아내와 애인 사이에서 방황하는 시인의 모습이 보인다. 애인의 모습은 윤심덕의 개성을 방불하게 한다. 「이영녀」에서 주인공으로 등장하는 이영녀는 가난을 스스로 이겨내기 위해 매음까지 불사하지 않는 억척스런 의지력을 드러내는가 하면, 때때로 인간적인 모독을 참지 못하는, 자존심이 강한 새로운 여인상을 행동으로 보여준다. 역시 윤심덕과 유사한 신여성의 이미지를 느끼게 한다. 「산돼지」에서는 고루한 인습과 낡은 사고방식에 대하여 과감하게 도전하면서 자유의지를 가지고 애인과 더불어 고향을 떠나는 여인의 모습이 보인다. 두 사람은 이상적인 사회(유토피아)를 동경한다. 희귀한 표현주의 작품인 「난파」에서는 육체관계를 가진 여인, 애인, 이상적인 여인들의 이미지가 반복적으로 강조되며, 그 가운데서 난파되는 시인의 모습을 처절하게 그렸다. 두 작품은 그의 실제 상황과 내면의식을 자전적으로 함축한 것으로 보인다.

  수산은 대학의 선배 연극인인 시마무라(島村抱月)의 돌연한 죽음과 그 애인인 마츠이(松井須磨子)가 그 충격으로 1918년 가을에 목매어 자살한 사건을 1919년 2월 3일의 일기에 의미 있게 기록한 적이 있었다. 윤심덕의 자살을 연구한 일본의 어느 젊은 학도(카와세 키누, 川瀨絹)는 대정(大正)시대의 지식인들이 그러했던 것처럼, 일본식 자살철학에서 크게 영향받은 것으로 해석했다. 상기 마츠이의 사건은 물론이고, 1921년 늦가을 우에노음악학교의 철학강사로 있던 노무라(野村偎畔)가 하기강습회 청강생이었던 애인 오카무라(岡村梅子)와 서로 몸을 묶고 에도가와(江戶川)에 투신자살한 사건이 일어났다. 윤심덕은 재학 중이었다. 1923년 초여름에는 인기작가 아리시마(有島武朗)와 애인인 여성기자 하타노(波多野秋子)가 기차역(輕井驛)에서 동반자살한 적이 있었다. 1924년 봄에는 오야(大谷)대학 교수인 미토(三土與三)가 애인인 술집여급과 동반자살한 사건이 있었다. 이를테면, 이러한 사건과 자살철학이 김우진과 윤심덕의 동반자살을 가져온 원인으로 볼 수 있다는 것이다. 이들이 모두 '사의 찬미'를 부르짖었다는 점을 간과할 수 없다고 덧붙였다.27)

    내가 가정에서, 지위에서, 재산에서, 신분에서 떠나온 그것만이 내 행동이 아니다. 그런 것은 내가 지금이라도 다시 회복시킬 필요가 있으면 있겠지. 그러나 내 속의 어떤 존재가 나로 하여금 그런 것을 버리게 한 것이다. 이것을 잘 알아주면, 이번 내 출가가 결코 일시적인 짓이 아니고, 변덕이 아니고, 네(타인들을 지칭―필자)가 그렇게 힘들여 땀 흘려 가면서 권고할 것이 아닌 줄을 잘 알 것이지만, 나는 이 행동이 곧 나의 생명 그것인 줄을 보이려고 한다. 오늘 이 자리부터 너에게 보이려고 한다. 모든 인습, 전통을 버리고 내 자신 이외의 온 세계를 죄다 버리고 나선 길이다. 나는 살 뿐이다. 사는 그것뿐이다. 나는 어떤 까닭인 줄도 모르고, 무엇이 시키는 것인지도 모르고 있으면서, 살아가는 그것만이 참 나의 존재, 그것일 것을 말할 뿐이다.28)

그의 자살철학은 그의 생명력 철학과 동일한 원리로 정리될 수 있다. 이상과 같은 그의 논리가 이것을 입증한다. 그에 의하

---

27) 川瀨絹, 전게문 참조.
28) 『김우진 전집』 II, 「출가」, p. 195.

면 속박된 생활, 인습된 생활, 상투적인 생활, 현실추수의 생활은 참다운 삶이 아니다. 창조적으로 움직이고, 자유의지가 통하고, 인간의 내면성이 존중되는 생활 및 사회가 인간적인 세계이다. 아울러 인간에게 가장 중요한 것은 '그의 삶' 자체이다. 그리고 이러한 삶과 세계의 창출을 위해서는 인간다운 생명력이 절대 필요한 요소이다. 그의 자살이야말로 유일하고도 진정한 '그의 삶의 길'이었다는 역설은 이렇게 성립된다. 그는 죽음을 선택함으로써 오히려 '삶의 진실성'을 입증한 것이다.

2

문학세계

(1) 희곡창작

수산은 스웨덴의 극작가인 스트린드베리 같은 극작가가 되는 것이 평생의 소망이었다. 그의 창작 희곡은 「정오」·「이영녀」(1925. 9)·「두더기 시인의 환멸」(1925. 12)·「난파」(1926. 5)·「산돼지」(1926. 7) 등 5편이고, 번역 희곡은 미필고 상태인 쇼(Shaw)의 「워렌부인의 직업」(Mrs. Warren's Profession, 1894)이 남아 있다.

정확한 창작 연대를 알 수는 없으나 그 수준으로 미루어 첫번째 작품으로 추정되는 「정오」는 플롯보다는 상황이 더 중시된 짧은 희곡이다. 이들 작품 가운데서 「두더기 시인의 환멸」은 『학조』(1926. 6)에, 「산돼지」는 『조선지광』지(1926. 11)에 발표되었다. 번역 희곡으로는 던세니(Dunnseny)의 「찬란한 문」(The Glittering Gate, 1919)이 번역·연출(1921. 7)되었다고 하지만 그 대

본은 남아 있지 않다. 마츠무라 미네꼬(松村みね子)가 번역하여 일본의 와카모노좌(わかもの座)에서 공연했던 던세니의 동일작품(光明の門)이 필사본 대본으로 김우진의 유고 가운데 끼어 있다. 아마도「찬란한 문」의 번역·연출에 참조되었던 것으로 추정된다.

「정오」는 앞서 말한 대로 일관된 사건이 전개되는 것이 아니라 부분적인 상황만이 존재하고 있다. 작가의 태도는 기존세대나 사회현실의 모순되고 우스꽝스런 모습을 비판하는 안목에서 바라보고 있다. 저항적인 의지가 강하게 풍긴다고 말할 수 있다.

「이영녀」는 3막극으로, 이른바 사회문제를 취급한 작품이다. 작품 속에서 이영녀는 모성·가정문제·경제문제·사회적 지위문제 등으로 매우 복합적인 삶의 구조에 처하게 되며, 매음·뭇남성과의 동거생활 등으로 전전하다가 끝내 죽음에 이르게 된다. 특히 매음문제를 비중 있게 다루고 있는 점으로 미루어 쇼의「워렌부인의 직업」에서 영향받은 것이 아닌가 하는 가정도 해 볼 수 있다. 이보다 앞서 발표된 김동인의「감자」에서 취급된 문제들을 다시 희곡 장르를 통해 발전시켜 보려 했던 의도도 살필 수 있다. 김우진의 말에 의하면 그 자신은「감자」를 읽고 그 미숙성 때문에 별다른 감동을 받지 못했다고 한다. 이 작품은 1925년 9월에 탈고되었는데도 작품 속의 시간은 1924년 여름부터 1925년 겨울에 걸쳐 전개된다. 이를테면 현실적인 시간보다 작품 속에서의 시간이 앞질러 미래까지를 전체 흐름 속에 포함시키고, 그 시점에서 일어날 죽음을 다루고 있다.

「두더기 시인의 환멸」은 원고에 「두덕이 시인의 환멸」로 표기되어 있으나 두더기로 표기하기로 한다. 두더기는 누더기의 목포지방 사투리이다. 실제 작품 속에서도 작자는 두더기·두덕이·두데기·두데기·누데기 등의 표기를 혼용하고 있으며, 당초 원고에도 두데기로 적었다가 다시 두덕이로 고쳐 놓았음을 볼 수 있다. 작품 속에서는 시인 이원영과 그의 처, 그리고 그의 연인인 박정자가 등장하는데, 작가는 이원영의 성격과 행위에 관한 이미지를 '누더기 같은 시인의 환멸', '누더기 같은 시인에 대한 환멸' 등으로 구체화시켜 놓았다.

애초에 이 작품은 희극으로 꾸밀 의도로 씌어진 것이나, 실제의 전개에 있어서는 진지하게 토론적인 대사가 많이 노출되고 있어 희극적인 의도가 명료하게 살아나고 있지는 않다. 그만큼 작가와 주인공인 시인과의 거리는 가깝게 느껴져서 이른바 희극적인 불일치(不一致)가 뚜렷하게 성립되지 않는다. 그러나 그의 희극에 관한 장르의식이 주목되는 작품이다. 이 작품에는 작가가 평소에 사숙했던 스트린드베리의 「쥴리에 양」(Miss Julie, 1888)의 영향도 추론해 볼 수 있다.

표현주의 희곡을 최초로 발표한 작가는 수산이었다. 그가 일본 동경에서 유학하고 있는 동안, 때마침 그곳에서 표현주의 이론 수용과 함께 번역극이 공연되었다. 새로운 연극에 왕성한 의욕을 지니고 있던 그는 표현주의에도 남다른 관심을 기울이게 되었다. 그의 평문 「창작을 권합네다」와 「축지소극장에서 〈인조인간〉을 보고」에는 이러한 태도가 여실히 반영되고 함축되어 있다.

한편 수산은 표현주의 연극을 이해하고 소개하는 데 그치지 않고 스스로 창작을 시도하였다. 그의 「난파」에는 '3막으로 된 표현주의극'이라는 작품의도가 명기되어 있다. 또한 그의 마지막 작품 「산돼지」에서도 표현주의 방법이 절충적으로 활용된 것을 확인할 수 있다. 한국문학사에서는 처음으로 표현주의적인 방법을 차용한 것이다. 평소 표현주의에 대한 천착이 깊었음은 김우진의 다른 여러 기록을 통해서도 볼 수 있고, 또한 그의 작품 중에서 「이영녀」 1편을 제외하면 작품이 모두 표현주의적인 영향이 작용하였음을 지적할 수 있다.

이 작품은 그의 5편의 희곡 가운데서 자서전적인 체취가 그 중 강하게 풍기며, 그의 가족사라 이를 만큼 가문과 가정의 문제를 적나라하게 극화시켜 놓았다. 물론 이 작품의 소재가 모두 작가의 실제적인 환경과 일치했다고 단정할 수 없고, 또 사실이 그렇다 하더라도 오늘의 시점에서 그 점을 분명히 실증하기도 어려우나, 작품 전반에 흐르는 강렬한 자전적 분위기는 적어도 필자의 「가족사설」(家族史說)을 긍정적으로 뒷받침해 주고 있다.

「산돼지」는 그가 마지막으로 남긴 희곡이다. 이 작품의 집필 과정에서 그가 친구인 조명희에게 보낸 몇 통의 편지는 이 작품을 이해하는 데 적지 않은 도움을 준다. 편지에 의하면 1926년 6월 말부터 이 작품의 집필을 시작한 그는 7월 12일에 초고를 끝냈다고 적었다. 그리고 8월 1일자 그의 마지막 편지에서 그는 이 작품과 관련된 여러 가지 문제에 대해 폭넓게 언급했다. 그는 이 작품을 "내 행진곡"이라 술회했고, "주인공 원봉의 성격은 조선 청년의 생명력을 추상해 본 것"이라는 의도를 밝혔다.

그 자신도 언급했듯이 「산돼지」에는 인물의 성격을 부각시키기 위해 사실주의·자연주의·상징주의·표현주의의 방법 등이 광범위하게 차용되었다. 당시 연극계의 실정으로 보아 실제로 공연하기 어려운 줄 알면서도, 현실적인 낡은 방법에 타성화된 기존의식과의 타협을 과감하게 거부하고 이처럼 새로운 실험을 대담하게 시도한 점이 높이 평가될 만하다.

「산돼지」에 광범위하게 차용된 이상과 같은 외래적인 방법들이 앞서의 다른 작품에서와 같이 모두가 긍정적으로 그 효력을 나타내고 있다고 할 수 없다. 따라서 전체적인 완결성의 측면에서는 여러 가지 결함이 드러나고 있기는 하나, 그의 뛰어난 기교와 재치, 날카로운 의식, 개성 짙은 언어, 잠재적인 가능성은 당대의 어느 작가도 미치지 못하는 참신성과 선구성을 지니고 있다.

(2) 시작(詩作)

수산의 시는 연작시 「이단의 처녀와 방랑자」(1921. 8)를 포함해서 모두 48편이 남아 있다. 이 중에는 일본어로 쓴 9편도 포함된다. 연대가 가장 빠른 시로는 일본어로 쓴 「아 무엇을 택할까」(1915)와 「첫날밤」(1916)이 있다. 당시 그의 나이 19세로 구마모토농업학교에 재학 중이었고, 부모의 권유에 따라 부인 정씨와 결혼했다.

이날 저녁에
　　너
　　흰 얼굴
　　붉혀 가며
　　붉은 적은 입
　　다물고
　　무엇을 생각하니……

　이렇게 시작되는 「첫날밤」은 관습적인 결혼과 시인 자신이 내면적으로 느끼는 결혼에 대한 갈등이 정직하게 드러나 있는 작품이다. 수산의 시는 대부분 1921년에서 1926년까지 6년간에 걸쳐 씌어진 것들이다.
　일반적으로 1920년대의 시사적(詩史的) 경향으로는 우울한 시대의식과 개인의 절망을 노래한 낭만주의적 경향, 사회적 모순에 대한 투쟁을 내세운 경향, 전통적 시형식인 시조를 현대적으로 되살리자는 운동, 그리고 민요시인인 김소월과 심오한 종교정신과 시대의식이 결합된 걸작을 남긴 한용운의 업적들이 지적될 수 있다면, 김우진의 시는 시대의식보다는 개인적 삶을 중심으로 한 내면적 갈등과 절망을 혹은 낭만적으로 혹은 주지적으로 노래한 점에서 그 특징이 있다.

　　망망한 대해에 물새 한 마리
　　벗없음 보다는 자유로운 그 새
　　고적함보다는 자연의 품 속 그 생활
　　아, 끝없는 창천의 끝과
　　가없는 대해의 가아에는

어떠한 자연이 또 있으랴
어떠한 자유가 또 있으랴.

— 「자유와 자연의 독자」 제1연 —

이 시의 서정자아는 당대의 전체적 문제와 관련을 맺고 한데 어우러져 살아가기를 거부하고, 자연 속에서 자유롭게 살아간다. 2행 '벗없음 보다는 자유로운 그 새'에서 그러한 표현이 잘 묘사되어 있다. '벗'이 동시대의 문제에 대하여 같이 고민하는 시대의식을 의미한다면, 서정자아가 벗 없음을 탓하지 않고 자유를 택한다는 점에서 자신의 자유로운 삶, 자연에서의 삶이 중요하다는 주장이 된다. 그러면서 독자(獨子)라는 제목이 암시하듯 자연에서의 자유로운 삶은 외롭다는 것을 드러낸다. 3연의 '한없이 날개치던 힘이 끝나면 / 그이는 자연의 품속에 돌아가리라'에서 자유의 삶이 외로움과 죽음에 관련되어 있음을 절실히 보여준다.

전반적으로 정교하게 다듬어지고 이미지의 구상화가 훌륭하게 성취된 시라고 할 수는 없으나 작품을 통해서 1920년대 전반기를 살았던 한 작가의 세계를 만날 수 있어 일단의 주목을 끌게 한다. 암울한 시대 속에서 지식인의 제한된 역할, 아내와 연인·자식 사이에서 오는 갈등, 전통적 가족제도의 모순에서 빚어지는 숱한 요소들과의 싸움, 젊음으로서의 열정과 고독 등이 작품 전반에 스며 있으며, 특히나 1926년 5월의 출가 직전에 쓰어진 시들을 통해서 우리는 그의 자살이 결코 우발적인 사건으로 처리될 수 없음을 확인할 수 있다.

(3) 소설창작

　수산이 남긴 소설은 「공상문학」(1913. 6. 20~8. 3),「동굴 위에 선 사람」(洞窟の上に立たる人, 1921. 6. 30),「방련은 어떻게 해서 나병의 남편을 완쾌시켰나」(莠蓮はいかにして癩病の夫を全快させたか) 등 3편이다. 그리고 번역소설로는 다눈치오의 「영웅」이 미필고로 남아 있다.

　「공상문학」은 우리들이 흔히 개화기 소설이니 신소설이니 하는 시기에 씌어진 것으로서, 한 여성이 근대적인 자의식에 눈떠 가는 과정을 취급하였다. 주인공인 순자는 가정의 경제적 어려움 때문에 소녀시절의 꿈을 좌절당한 채 어떤 부유한 청년과 결혼하였고 화목한 가정을 이룩하였으나 하련당이라는 청년 소설가를 마음속으로 깊이 흠모하게 된다. 주부로서 가사보다는 소설을 탐독하는 것 때문에 남편에게 수차 꾸짖음을 받은 순자이나 그럴수록 그녀의 소설에 대한 집념은 강해진다. 그녀에게 있어 소설이란 공상문학이며 또한 자유사상을 표현하는 일이 된다. 그녀는 우연한 기회에 직접 하련당을 만나게 됨으로써 작품을 통해서만 알았던 작가를 더욱 존경하게 되고 둘 사이에는 은밀한 정이 싹트게 된다. 이후 순자는 가사보다는 다시 작품 습작에 몰두하게 된다. 마치 "자유세상 가운데에서 자유의 붓을 들어 자유의 소리를 높이며 자유의 행동을 자유의 붓대로 나타나게" 하려 했던 소녀시절의 꿈을 실현이나 하려는 듯이. 이 작품은 청년 소설가의 자살, 여주인공 순자의 병사, 그리고 순자가 낳은 아이가 여덟 살이 되어 돌아가신 어머니의 모습을 그리워하는 내용으로 끝난다. 김우진이 불과 16세의 나이에 쓴 작품인데도, 그의 자전적 환경과 그 이후의 생애와 공교롭게도 일치하고 있는 점에서 주목을 끌게 한다. 작품의 서두에 정로생(正路生)이라는 명기는 그의 필명의 하나이다.

「동굴 위에 선 사람」은 김우진이 와세다대학 영문과 2학년 시절에 쓴 일본어로 된 단편소설이다. 한 지식청년이 겪는 심리적 갈등과 그로 인한 파멸의 과정을 그리고 있으며 사건의 전개보다는 심리 묘사에 치중하였다. 시기는 3·1운동이 일어난 1919년 여름이고 장소는 동경 근처에 있는 어촌이 배경을 이룬다. 주인공인 임융길(林隆吉)은 신병을 치료하기 위해 유학생 친구인 남(南)과 그의 여동생인 남신자와 함께 어촌으로 가게 된다. 진취적이고 많은 이상을 가지고 있으나 한편으로는 내향적이고 회의적인 성격을 지닌 임융길, 현실적인 도덕이나 법률을 중히 여기며 독단적이고 자신감에 차 있는 남, 그리고 이지적이고 자유분방하고 감수성이 예민한 남신자 등은 서로 간의 성격차이로 인해 갈등이 이어진다. 임은 이러한 심리적 장벽을 없애기 위해 고뇌한다. 두 남성의 사이에서 신자는 양자가 서로 친구로서가 아닌 인간적인 화해를 위해 노력하나 번번이 실패한다.

1919년 초 유학생들의 독립운동 사건에 연루된 일이 있었던 남이, 임의 요양지에서 호출되어 동경으로 돌아간 후, 임과 신자는 일시적으로 가까워지게 된다. 그 계기는 동굴에서 이루어진다. 어느 날 해변가를 산책하다 동굴 속으로 들어간 두 남녀는 차가운 공기와 장렬한 파도소리 가운데서 각기 자기들의 정렬이 솟아남을 느끼게 되고 희열 속으로 몸을 내던지게 된다. 그러나 그들이 다시 이성을 회복했을 때는 이지(理知)의 패배를 느끼게 된다. 정렬과 이지의 갈등 속에서 이지의 패배를 맛보았을 때 그들은 동굴이 무너져내림을 깨닫게 되고 그 동굴과 운명이 같은 것임을 절감하게 된다. 이 소설에는 환경이나 음향에서 오는 효과를 잘 응용하고 있으나 미사여구와 과장된 수식의 남용도 보인다.

「방련은 어떻게 해서 나병의 남편을 완쾌시켰나」는 창작 연대가 기록되어 있지 않으나 원고용지를 통해서 대학시절에 씌어진 것을 알 수 있다. 수산은 이 작품을 "옛날 조선의 아름다운 이야기"(昔日朝鮮の美しい物語)라 밝혔다. 조선 성종시대 전남 장성군 어느 마을에서 방련이라는 여인이 남편을 살려낸 이야기를 취급하고 있다. 방련은 병든 남편을 열성으로 간호하였으나 병이 악화되어 가므로 함께 죽을 결심으로 독약을 준비하여 두었는데, 잠결에 갈증을 느낀 남편이 그 약을 마시고 오히려 되살아났다는 내용이다. 이처럼 아내의 진심이 남편의 병을 완쾌시킨 계기가 되었으며 유교적인 정신이 배경을 이루었다. 작품의 구성이나 묘사, 인물의 성격 등은 충실하지 못하다.

(4) 비평활동

수산의 문예비평은 연극비평과 문학비평으로 나누어 고찰할 수 있다. 1919년 봄 와세다대학 예과에 입학한 그는 평소에 뜻하던 문예 방면의 공부에 몰입하기 시작하였고, 그 구체적인 활동으로는 앞서 지적한 극작과 시작을 비롯하여 비평활동, 극예술협회 활동, 동우회 하기순회연극단 활동 등을 지적할 수 있다. 그의 본격적인 비평활동은「소위 근대극에 대하야」(학지광, 1921. 6)에서 시작되어 자살 직전까지 계속된다. 극예술협회는 그가 당시의 동경 유학생들을 규합하여 만든 단체로서 1920년 봄부터 시작되었다. 매주마다 회원들이 모여 독서와 토론, 연극감상 등을 가짐으로써 문학과 연극·문예비평에 관한 전문적인 소양을 쌓아 나갔다. 또한 이 단체는 이듬해 여름방학 모국에서 전개된 순회연극단의 주축이 되었고, 우리 연극사에서 근대극운동의 효시가 되었다.

수산이 쓴 본격적인 연극비평문에서는 앞서 지적한「소위 근대극에 대하야」를 비롯하여, 와세다대학 영문과 졸업논문으로 제출된 영문「Man and Superman — a Critical Study of its Philosophy」(1924),「창작을 권합네다」(5월회, 1925. 9),「구미 현대 극작가론」(시대일보, 1926. 1~5),「자유극장 이야기」(1926. 5),「우리 신극운동의 첫길」(조선일보, 1926. 5~),「동경 축지소극장에서 〈인조인간〉을 보고」(개벽, 1928. 8),「사옹(沙翁)의 생활」등이 남아 있다. 이 밖에도 그가 대학시절에 쓴 리포트로「애란인으로서의 버나드 쇼」(1920, 대학 1년),「관객의 역사」(1920),「맥베드가 본 유령과 햄릿이 본 유령」(1921, 대학 2년),「셰익스피어의 생애」등이 남아 있다.

「소위 근대극에 대하야」는 연극사적인 입장에서 당시 서양의 근대극이 지녔던 제반 성격을 소개한 글이다. 한국의 입장에서는 일본 유학생층을 통해 비로소 근대극(신극이라 불렀다)이

처음 수용되던 시기에 씌어진 것이기에 주목을 요한다. 그의 졸업논문으로 집필된 「인간과 초인」 연구는 그가 영문학을 공부하고 있을 때 쇼에 깊이 경도되었던 결과로 나타났다. 이 논문 이외에도 그의 쇼에 관한 사숙과 영향관계는 여러 다른 글에서 보이지만, 이 논문이 가장 본격적인 것이라 할 만하다. 오늘의 시점에서는 좀 낡은 느낌을 주는 쇼의 초인사상이 당시의 젊은 그에게는 누구의 사상보다 심각한 자극과 깨우침을 가져다주었고, 마침내 자신도 그러한 사상을 행동화·실천화하려 했던 것이다. 말하자면 이 논문에서 취급된 쇼의 사상은 김우진에게 하나의 객관적인 지식으로만 머무르지 않고, 그 자신의 생의 방향을 바꾸는 데까지 절대적인 영향을 끼쳤다. 이 논문은 사상 초유의 본격적인 서구 작가 연구라는 점에서도 그 의의를 찾을 수 있다.

「창작을 권합네다」는 1925년 5월에 발족된 목포의 문학동인회(5월회) 회원들에게 창작생활을 권유할 목적으로 씌어진 것이다. 이 동인회는 김우진 자신이 출자하고 주도하였다. 이 글을 통해서 우리는 김우진의 창작에 대한 의지와 이론적 배경을 알 수 있는데, 먼저 독일의 표현주의에 관해 언급한 후, 당시 우리 문단의 실정을 논하였으며, 끝으로 그 자신이 생각했던 창작에 관한 의식과 이념들을 피력해 놓았다.

「구미 현대극작가론」에서는 영국의 밀른, 이탈리아의 피란델로, 체코의 차페크, 미국의 오닐 등 제 극작가의 생애와 작품, 연극사적인 위치를 비교적 자상하게 소개하였다.

밀른에게서는 「Mr. Pim Passes By」(1919), 「The Dover Road」

(1921)의 내용을 소개하면서 아울러 작가에 대한 평가를 곁들였다. 피란델로의 작품으로는 「Six Characters in Search of an Author」(1921), 「Henry Ⅳ」(1922), 「Right You Are — If You Think You Are」(1917), 「Each in His Own Way」(1924), 「The Pleasure of Honesty」(1917), 「Naked; To Clothe the Naked」(1922) 등을 소개하였고 특히 「작자를 찾는 6인의 등장인물」에서는 분석적인 해설을 가하였다. 차페크의 작품으로는 「R.U.R.」(1921), 「From the Insect World」(1922)를 소개하였는데, 그의 「인조인간」에 관해서는 그 시대적인 의의뿐만 아니라 개인적으로 특별한 관심을 표명하였다. 오닐의 작품으로는 「Beyond the Horizon」(1920), 「Anna Christie」(1921), 「Desire under the Elms」(1924), 「The Hairy Ape」(1922) 등이 소개되었다. 「털원숭이」에서는 특히 그가 일찍부터 관심을 기울여 온 표현주의에 관해 언급하였다. 같은 시기에 그가 발표한 일련의 표현주의적인 창작들과 무관한 것이 아니었음을 알 수 있다.

「자유극장 이야기」에서는 앙뜨완느의 자유극장 창설과 그 활동상, 연극사적인 업적 등을 소개하였다. 그리고 이 같은 근대극운동의 중요성과 방법론은 「우리 신극운동의 첫길」에도 수용되고 있다. 친구이자 당대의 대표적인 연출가였던 홍해성(洪海星)과 공동으로 집필한 이 글은, 신극에 관한 정열의 일반화, 외국극과 창작극, 무대예술가의 양성, 소극장과 회원제 등의 항목으로 나누어 우리 근대극운동의 구체적인 이념과 방법을 모색하고 제시한, 매우 주목되는 평문이다. 「동경 축지소극장에서 〈인조인간〉을 보고」는 당시 동경에서 공연된 차페크의

「Rossum's Universal Robots」(1921)를 관극하고, 그 작품 내용과 함께 무대장치·연기력·연출 등을 언급한 것이다. 특히 그는 일본의 젊은 연출가 히지카타(土方與志)에 깊은 관심을 표하였다.

끝으로 그의 리포트에는 그가 대학시절 쇼와 셰익스피어에 깊이 경도되었던 사실이 분명하게 나타나 있고, 아울러 연극에 있어 관중의 중요성을 깊이 인식하고 있었음을 알 수 있다.

김우진이 쓴 본격적인 문학비평문으로는 「조선말 없는 조선 문단에 일언함」(중외일보, 1922. 4. 14), 「이광수류의 문학을 매장하라」(조선지광, 1926), 「아관(我觀) 계급문학과 비평가」(1925. 4) 등이 남아 있고, 대학시절의 리포트로는 「영문학사상에 있어서 Faerie Queeme의 작자」(1920, 대학 1년)·「예술의 종교—블레이크에 대한 고찰」(1920)·「언어의 특성—그 상징성—」(1922, 대학 3년) 등이 남아 있다. 번역으로는 버트레이크 코람이 쓴 「애란(愛蘭)의 시사」(眞砂, 1924. 8)가 있다.

(5) 일기문

김우진의 일기는 「마음의 자취」(心の跡)라 제한 한 권의 노트로 남아 있다. 표지에 '권 16(vol. 16), 1919년, 동경재학시'라 기록된 것으로 미루어 이전부터 계속 일기를 적어 왔음을 알 수 있고, 그 이전의 일기는 어떤 경위로든 소실된 것으로 보인다. 그 자신이 1919년 1월부터 한글일기를 쓰기 시작했다고 한 점으로 미루어 이전에 쓴 일문일기는 스스로 파기했을 가능성이 높다.

일기 「마음의 자취」는 1919년 1월 24일부터 1925년 5월 28일까지의 기록이다. 나날의 일기가 빠짐없이 기록된 것이 아니고 오히려 빠진 날수가 더 많다. 1919년이 47일, 1920년이 7일(7월 17일자는 낙장됨), 1921년이 1일, 1922년이 11일, 1923년이 11일, 1924년이 7일(7월 17일자는 낙장됨), 6년간 모두 84일간의 일기만이 적혀 있다. 문장은 국한문 혼용체가 대부분이고 간혹 일문, 영문으로 표기된 곳도 있다.

다른 작가의 경우처럼, 김우진의 일기도 그의 문예작품의 세계를 이해하는 데 중요한 자료가 된다. 그의 일기를 전체적으로 살펴보면, 어려운 시대상황 속에서 지식인으로서의 고뇌와 열정이 잘 나타나 있으며, 한편으로는 가정을 중심으로 한 전통과 인습과 제도 가운데서의 갈등이 점철되어 있다. 아울러 그러한 삶 속에서 자신의 의식을 문예작품으로 표현해 내려는 사려깊은 노력도 잘 반영되어 있다. 일찍이 시인이 되기를 꿈꾸었으며, 그 후 소설·희곡·평론 등 다방면에 걸쳐 그의 치열한 전진은 계속되어 간다.

(6) 수 상 록

수산 김우진은 1919년 12월에 「타씨찬장」(陀氏讚章)을 썼다. 이 글을 통해서 그는 3·1운동 이후의 격동하는 시대 속에서 시대정신을 이끌 만한 훌륭한 시인이 되고 싶은 열망을 피력하였다. 제목에서 '타씨'는 이탈리아의 시인 다눈치오(D'Annunzio, 1863~1938)를 가리킨다. 그가 섭렵한 시인들 가운데는 다눈치오는 물론, 스펜서·블레이크·예이츠 등의 이름이 보인다. 다눈치오에 대해서는 특히 경도되었던 것으로 보이는데, 그는 「타씨찬장」 이외에도 다눈치오의 「영웅」을 일부 번역해 놓기도 했다. 이 「타씨찬장」에서 수산은 그 제목이 가리키듯 다눈치오의 훌륭한 면모를 예찬하면서 시에 대한 자신의 의지를 은연중에 드러내고 있다.

1925년 6월에 쓴 「곡선의 생활」에는 5월회 창립의 날이라는 부기가 들어 있다. 『5월회』는 수산이 목포의 문학동호인과 지식청년들을 규합하여 만든 일종의 동인지이다. 그는 이 지면에 수편의 글을 발표했다. 이 글을 통해서 그는 창조적 삶의 중요성을 강조하면서 그러한 삶은 고정된 도덕이나 율법·제도에 추종하는 데서 얻어지는 것이 아니라, 생명력을 가지고 부단히 투쟁함으로써 이룰 수 있다는 의지를 밝혔다. 수산은 고정적인 관념이나 기존 가치의식, 기성체제에 저항할 것을 촉구하면서 새로운 삶의 추구에 집착했다. 그런데 이 「곡선의 생활」에서 그가 말하는 생명의 의식은 일찍이 쇼가 주창한 이른바 생명력(life force)의 발견과 깊이 관련되어 있음을 보여준다.

1926년 3월에 쓴 「생명력의 고갈」은 시대와 예술과의 관계를 논한 글이다. 이 글은 '예술과 인생', '시대와 예술', '상대성 원리' 등 세 개의 항목으로 나누어 논술되었다. 먼저 '예술과 인생'에서는 예술을 어떤 고정관념이나 일정한 개념으로 인식하는 태도를 경고하면서 「죄와 벌」에 등장하는 라스콜리니코프의 살인동기가 작가의 의도적인 개념에 의해서 이루어져 있어 감동이 부족함을 지적하고 있다.

또한 그는 괴테가 언급한 시대정신(Zeitgeist)을 가지고 예술과 시대의 관계에 대해 언급하였다. 예술도 시대에 따라서 제3자의, 즉 일반사회의 요구가 변해진다. 이 요구 속에서 예술가가 생긴다. 공기 속에 사는 인간이 공기를 초월할 수 없음과 같이 사회의 일인으로서 생활하는 인간이 사회의 마음, 시대정신에서 떠날 수 없다는 것이다. '상대성 원리'에서 수산은 당대의 조선사람들에게도 새로운 변혁을 요구하는 마음이 충만되고 있음을 지적하고, 아울러 그러한 요구를 예술적으로 충족시켜주는 일련의 창조적 행위가 절실함을 말하였다. 그러나 그는 자신을 포함해서 그러한 시대적 요구에 대해서 충분히 응답하지 못하고 있는 당대의 예술가들을 안타깝게 여기고 있다. 그리고 그 근본원인을 생명력의 고갈로 보았다.

미필고인 「자유의지의 문제」는 『5월회』에 발표되었다. 이 글에서 수산은 진보와 자유의지의 관계를 중시했다. 진보란 불완전한 인간을 완전하게 해줄 수 있고, 그러한 완전을 위한 노력은 자유의지에 의해 이루어지는 것이므로 자유의지야말로 인간의 내면에 숨어 있는 '참의 신'이라 하였다. 이리하여 인간의 삶이란 곧 자유의지를 '이용하고 배육(培育)시키는 것'이라 부연하였다. 자유의지의 문제를 검토하기 위해서 심리학자들이 사용하는 자의(自意, voluntariness)와 부자의(不自意, involuntariness)의 실상을 자상하게 검토했다. 그는 역사를 발전, 진보시키는 인과율은 자유의지가 지배한다고 했다.

미필고인 「신청권」(新青卷)은 수산 자신의 말로 미루어 본래는 장문의 서술을 계획했던 것임을 알 수 있다. 스트린드베리

(Strindberg, 1849~1912)는 그가 사숙했던 서구작가 중의 한 사람이었는데, 스트린드베리의 영향은 극작품상에서뿐만 아니라 이처럼 생활 속에서도 드러나고 있다. 스트린드베리가 그의 인생을 총결산해서 썼다는 일련의 『청서』(Blue Books, 3권, 1907~1908)를 모방해서 「신청권」이라는 서명을 붙이게 되었던 것이다. 앞서 언급된 쇼뿐만 아니라 스트린드베리 역시 복잡한 가정문제 · 여성혐오증 · 비타협적인 성격 · 우상과 권위와 허위에 대한 과감한 도전 등 공교롭게도 수산의 환경과 상통하는 점이 특징이며, 아마도 이러한 유사성이 더욱 이러한 작가들을 사숙하게 한 것으로 판단된다.

수산은 이 글에서 현실의 고뇌에 대해 언급했다. 그리고 그것을 경험론자의 입장에서 보려고 하지 않고 시인의 입장에서 보려 하였다. 영원에서 불어오는 바람을 곧 현실로 해석한 것이 그것이다. 즉 현실의 인생고 자체는 영원성이 있다는 것이다. 고(苦)는 일시적인 것이 아니라 삶 자체가 본질적으로 고와 관련되어 있다는 통찰을 피력하였다. 이러한 문제와 관련해서 그는 삶을 허무한 것으로 해석한 쇼펜하우어를 비판하였는데, 그를 '한숨만 쉬다가 수명대로 돌아간 이'로 몰아붙였다.

일자미상의 「기록의 마력」은 『5월회』 원고지에 기록된 점으로 보아 역시 그 무렵에 쓴 글이 아닌가 한다. 선인에 의해서 기록된 것이면 무엇이든 과신하고 맹신하는 인습에서 벗어나 각자가 스스로 생각하고 판단하는 진정한 문명인이 되어야 한다는 주장을 담았다. 그는 기록을 믿는 행위를 미신적 본능으로 보았다. 그리고 이런 미신의 대표적인 사례로서 공자교(孔子

教 즉 儒敎)를 지적하였다. 그에 의하면, 공자는 모든 이상을 의지(意志)에 두지 않고, 상고주의(尙古主義) 사상에 두었는데, 실제로 공자가 숭배하던 고대국가들은 없었다는 것이다. 오늘의 사람들이 공자가 살았을 당시의 그 시대의식을 알 수 없으면서 덮어놓고 선왕(先王)의 법을 따르라고 가르치고, 또 그대로 추종하고 있는 것은 일종의 독연(毒煙)에 마비되는 것이나 같다 했다. 공자교는 귀납적인 것이 아니라 연역된 강령인데, 우리 민족은 오랫동안 그러한 독연기에 젖어 창의적인 사고를 마비시켜 왔다고 비판하였다. 무엇보다도 무서운 점은 공자교가 자유의지를 견박하는 교훈을 강요하는 것이라 하였다.

일자미상의 「초야권」(初夜權)도 『5월회』 시기에 씌어진 것으로 보인다. 이 글은 제목 그대로 처녀의 초야권 문제를 중심으로 남성 대 여성의 불평등한 관계를 비판한 것이다. 수산은 처녀숭배의 시원이 불(火)이나 열, 피(血)에 대해서 원시인들이 지녔던 미신에서 유래되었을 가능성을 피력하고, 옛날 여성들은 처녀막이 파열될 때 오늘의 문명인보다 많은 양의 피가 흘러나왔을 것이므로, 이에 대한 두려움·공포와 더불어 한층 더 나아가 신비로운 존경의 마음까지 생겼을 것으로 추론하였다. 따라서 오늘날 문명인의 입장에서 본다면 하이멘(처녀막, hymen)의 숭배란 한 가지의 미신적 기행에 지나지 않는다고 하였다. 그런데도 문명인들이, 특히 남성들이 여성의 순결과 정조를 문제삼고 그들에 대해서 초야권을 고집하고 있는 것이야말로 진정한 의미에서 아직도 미개인과 같은 처지임을 비판하였다.

3

희곡 분석

(1) 「정 오」

　수산의 첫 번째 작품으로 추정되는 「정오」는 짜임새가 견고하지 못하고 일관된 주제를 찾기 어려우나 이상에서 언급한 작가적 기질이나 특성이 처음으로 드러나기 시작한다는 점에서 주목된다. 무더운 여름날의 정오에 공원에서 벌어지는 일련의 잡다한 사건과 특이한 분위기를 소묘형식으로 엮은 이 작품은 플롯보다는 상황이 더 중시된 희곡으로 꾸며져 있다.
　먼저 하오리를 입은 일본인 고리대금업자와 그 대행사무를 맡아보는 한인(구레수염) 사이에 대화가 오고 간다. 이들의 관계는 지주와 마름의 사이같이 서로 이용해 먹는 살벌한 이해관계이고, 대화 속에는 아부·공갈·타협이 반복되지만 둘 다 기성세대의 퇴폐적인 인물로 상징되는 공통점이 있다. 하오리와 구레수염의 대화를 듣고 있던 학생 둘이 그들의 이야기에 끼여들게 됨으로써 갈등은 시작된다. 학생이 피우는 담배가 시비의 초점이 된다.

　　굴네 : (학생의게)……그겨 학교 다니니는 공부에만 열심해야지. 담배 먹으면 술먹지, 술먹으면 기생방에 가지……
　　학생2 : 별 선생님을 다 맛냇군. 여긔는 공원이랍니다. 담배 피우고 쉬란 대야요. 교장(敎場)이 아냐요.
　　학생1 : 사랑하는 사람과 놀다가도 그것도 실으면 다라 나와서 꿈꾸고 낮잠자는 대야요. 아라잇소, 뎅가 미상.
　　굴네 : 허허, 로형들도 나깨나 먹은 이 말이라면 모도 뜻에 안 맛는단 말이요 그려.
　　학생1 : 올케 아섯소. 늙으니란 젊으니의게는 비상국이랍니다.
　　굴네 : 로형은 부모도 안 게시오? 연장자의 말은 덥허 놋코 비상이라니. 당초에 요새 학생들이란 일언이폐지하고 남 반대야.
　　학생1 : 인제 수신강연인가.
　　학생2 : (이러서며 알레그로로)
　　　　　아 뜨거운 김 속
　　　　　용광로 그 무서운 속
　　　　　청춘은 팔독을 것고
　　　　　뉘라서 대항을 하리……29)

「정오」에서 주제라 할 만한 것이 있다면 바로 이상에서 볼 수 있는 기성세대에 대한 청년들의 저돌적인 반항의식이며, 현실 속에서 넘치는 혈기를 제대로 펴지 못하는 그들의 어둡고 답답하고 안타까운 모습의 재현이다. 그가 영향을 받은 바 있

---

29) 『김우진 전집』 I, 「정오」, pp. 129-130.

는 쇼의 「인간과 초인」에서와 같이, 시와 언어의 음악적인 표현이 소박하게 시도되고 있음도 주목된다. 이후 이러한 표현방식은 도처에서 산견된다. 청년의 시 낭독에 뒤이어 나타난 제복순사(制服巡査)는 어린아이를 보는 여자(고모리)가 졸고 있는 것을 주의시키고, 이어 날품팔이하는 모군(募軍)꾼에게 다가가서 '공연히 놀지 말고 열심히 일할 것'을 훈계하며 그를 내쫓는다. 하오리와 구레수염이 그 노동자를 대상으로 하여 비판적인 이야기를 한다.

 굴네 : 져런 하등노동자란 할 수 업습니다. 그리고는 못된 생각이나 하쟈느면 끼긋해야 돈 잇는 이 욕이지요.
 하오리 : 굶는 것 그것 도로 좃소. 놀고 먹는 것 큰 죄요.
 굴네 : 무식한 자식이 그리고 나서는 사회주의니 무슨 주의니 하고 떠들고만 다니는구려.
 하오리 : 그것 배곱흔 사람의게 단꿀 항가지 말이요. 게우르고 노는 사람의게 사탕 항가지요. 요새 젊은 사람 아쥬 납분 사람 많이 잇소…… (주 학생을 힐긋 엽눈질 하고) 노동자는 공장에다가 말 항가지로 꼭 매여논 것이 좃소. 일 아니 햇스면 막 때려 쥬엇소.
 학생1 : (빙긋 웃고 나서는) 아야 아야 아야.30)

학생은 실제로 얻어맞지 않았으나 하오리에게 맞은 흉내를 냄으로써 간접적으로 노동자의 입장을 옹호하고, 동시에 기성세대에 대한 야유와 비판을 계속한다. 하오리와 구레수염은 자신들이 비정상적인 수단으로 치부를 하면서도 오히려 노동자

―――――――
30) 전게서, p. 131.

들을 말(馬)에 비유하여 비난한다. 특히 하오리는 일본에서 이주해 온 고리대금업자로서 가난한 서민층의 돈을 이용해서 덤으로 살아가고 있는 존재다. 이러한 태도를 학생들은 용납할 수 없게 된다. 실제로 노동자는 빈둥빈둥 놀고 있는 것이 아니라 잠시 공원에서 휴식을 취하려 한 것뿐이었다. 마지막에는 아까 그 노동자가 다시 나타나 하오리의 말에 항변한다.

    하오리 : 이런 사람이 날마둑 날마둑 공일이요. 언제든지 돈 업소 업소 하는 거시 참말이요.
    모군꾼 : (드러누랴다가 이러나며) 날 보고 하는 소리 아니요. 흥, 무슨 소리햇나. 넹가미상은 왓다 갓다 하면서 돈버리 햇지만 우리는 드러누어서 돈버리 할 수 잇소. 당신보다 되게 일한다고 공일 업슬 줄 아오?31)

  학생에 뒤이은 노동자의 항변은 하오리 일당에 대한 일종의 뒤틀린 야유이자 자유를 동경하는 의지의 표현이다. 이 부분에서 명료하지는 않지만 작가의 노동자계층에 대한 평소의 관심을 엿볼 수 있다. 사회주의 운운하는 대사도 결국은 가난한 계층의 입장을 의식한 발언으로 보인다.
  이상에서 살펴본 바와 같이 「정오」에는 어떤 일관된 사건이 전개되는 것이 아니라 부분적인 상황만이 존재하고 있으나, 대체적인 작가의 안목은 기존세대나 사회현실의 우스꽝스러운 모순을 비판하는 입장에 처해 있다. 작가 나름의 어떤 대안이

---

31) 전게서, p. 132.

제시된 바는 없으나 일단 그러한 객체에 저항해야 한다는 의지가 강하게 작용되었다. 무더운 여름날의 정오는 세상의 모든 것이 용광로의 쇳물처럼 부글부글 끓어오르는 듯한 느낌을 갖게 하는데, 이 작품 역시 분노와 저항이 정오의 더위처럼 들끓고 있다. 습작에 가까운 작품으로 작가의 체취가 짙게 풍기는 작품이다.

(2) 「이영녀」

두 번째 작품이라 할 수 있는 「이영녀」(李永女)는 3막극으로 작가가 지적한 '결혼, 모성, 여성의 경제적·사회적 문제'의 극화에 해당된다. 주인공 이영녀가 당시 현실 속에서 어떻게 유전(流轉)하면서 끝내 죽음에 이르게 되는가, 또한 그 죽음의 근본적인 원인은 어디에 있는가, 그녀를 통해서 수산이 제시하고자 하는 메시지는 무엇인가. 이 작품을 구체화시키는 데 사용된 사실주의적인 방법은 어느 정도나 객관적으로, 효과적으로 드러났는가 등의 여러 측면에서 주목하게 되는 작품이다.

이 작품은 1925년 9월에 탈고되었는데도 작품 속의 시간은 1924년 여름부터 1925년 겨울에 걸쳐 전개된다. 이를테면 현실적인 시간보다 작품의 시간이 앞질러 미래까지를 전체 흐름 속에 포함시키고, 그 미래에 일어날 죽음의 문제를 다루고 있다. 요컨대 작가는 끝내 죽음으로 이를 수밖에 없었던 이영녀의 인생에 대해서 깊은 아픔을 함께 하고 있었다고 할 수 있다.

작품 속의 이영녀는 사회의 복잡한 밑바닥을 두루 떠돌아다니면서 어렵게 인생을 살아가는 여인으로 등장한다. 1막에서 그녀는 이른바 '어두운 상업'인 매춘부 노릇을 하면서 살아간다. 동거하고 있지는 않으나 그녀에게는 남편(靑雲)도 있고, 세 아이들도 있는데, 가족의 생존과 아이들을 공부시키기 위해 몸을 팔고 있는 것이다. 그녀의 뚜쟁이 노릇은 안숙이네가 맡고 있다. 작가는 이영녀와 안숙이네를 다음과 같이 묘사하였다.

……영녀가 명순(明順)이를 앞세우고 드러온다. 28 넘어 뵈일 만큼 얼굴이 초췌하다. 다산과 생활난으로 살은 여위고 얼굴에는 노동계급에 항상 잇는 검푸릇한 혈색 업는 빗을 가졌다. 그러나 커다란 두 눈에 잠긴 정숙시러운 광채와 전체에 조화잡힌 체격과 왼 얼굴을 업혀누를 만콤 숫 만흔 머리털애는 이성을 끌는 청춘의 힘이 흘너넘친다. 머리에는 싼지르하개 기름을 바르고, 여러날 입은 주림잡힌 검은 모시치마와 흰 적삼. 맨 발에 고무신을 신엇다. 굿세면서도 남을 한 품에 쓸안어서 어루만져 위안을 줄 듯한 엇던 여성의 독특한 사랑이 넘친다. 그 동작, 언어에 느지막하고 힘센 일종의 선률이 잇다. 이것은 생활상·경제상·매매상·노역상(勞役上)으로 밧은 고난고, 또는 다수한 남자와 교제한 끗에 자연이 나온 자기방위의 숙련으로 인해서 어든 개성의 힘이다.32)

안숙이네는 광주(光州)서 낫코 자라고 성에 눈뜨기 전붓허 부모의 강제로 어두운 상업을 수십년간 여일히 계속하여 왓다. 어지간히 황금배가 불은 끗헤 필경은 어늬 부산(釜山) 놈의게 창자를 다 갈기멕힌 뒤로는 다시 행운이 도라오지 못하고 고생과 탐락과 퇴폐와 황금과 또 외입쟁이들과 뻬틈질을 하다가 엇지 엇지하야 목포(木浦)로 흘러 드러 왓다. …… 목포 드러와서 일시는 순직한 생

---

32) 『김우진 전집』 I, 「이영녀」, p. 102.

활을 붓드러 남모양으로 사러갈냐는 생각도 잇섯지만 원래 빈운 바탕이 잇는지라, 여전한 길을 밥게 되엿다. 그러나 이십전붓허 수십연간 지내온 생활은 예상(例常)으로 알고 다시 새로운 결심과 각오로 새로운 직업을 엇게 되엿다.33)

이를테면 안숙이네가 새로운 직업으로 택한 것이 이영녀의 포주노릇이라는 설명이다. 그러나 작품 속에서 이영녀와 안숙이네의 성격은 작가의 설명과 같이 그렇게 뚜렷하게 개성화・행동화되지 못하고 있다. 1막에서 이영녀는 안숙이네의 소개로 몸을 팔기 위해 밖으로 나가나 여러 남자들과 집단적인 성관계를 강요받은 데에 항거하여 그대로 도망쳐 오게 되고, 직업에 불성실하다는 이유로 안숙이네 집에서 쫓겨나게 된다. 결과적으로는 밀매음(密賣淫)을 했다는 죄목으로 경찰서에 잡혀간다. 그런데 이러한 이영녀의 일련의 매음행위는 무대 위에 직접적으로 노출되지 않고, 그녀의 어린 딸(명순)과 아들(관구)의 대화를 통해서 간접적으로 드러나기 때문에 분명하게 행동화되지 않는다.

    관구 : (쪽긔쥬머니 속에서 게이도로 만든 돈지갑을 내여서 악가운 듯이 돈을 짜랑그리며) 악까 그 사람하고 엄마 어대 갓대여?
    안 : 왜, 어대 갓능가 갈처 쥬면 나 떡 사 줄내?
    관 : 글새 어대 갓대여? 또 늣게 나 쟘쟌 뒤에 드러온대여?
    안 : 걱정마라. 입뿐 너 어머니를 호랭이가 물어 갈 것이냐, 엇절 것이냐.

---

33) 전게서, p. 102.

명 : (돈을 욕심 난 듯이 보고 잇다가) 겐마이 빵 하나만 사 쥬면 내가 갈쳐주지.
안 : (소리를 질너) 너는 좀 가만이 잇거라! 그져 너 안 나닷는 대는 업드라, 망할 가시내!³⁴⁾

1막에서 이영녀의 성격이 직접 드러나는 부분은 그녀가 뭇 남성들의 집단적인 성관계를 거부하고 돌아온 직후이다.

안 : (위로하듯이) 그럿지만 이것 보소. 사람이란 것은 참을성 잇서야 한다네. 나 졀물 때 이액이 안 들엇능가? 이왕 당하는 것 아닝가? 눈 한번만 찔건 —
영녀 : (지금까지 능청그리는 버들과 갓든 그이는 돌연히 무슨 신이 붓흔 듯이 화를 버럭 내며) 그놈하고 단짝이 돼가쥬고 나 못할 짓만 식키면 멋이 좃켓소. 이 짓도 이 짓인대, 에이 챰.
안 : (여전히) 내 이약이 안 드럿는가. 광주서 —
영녀 : (얼골에 치마끈을 대이고 운다) 고만 두시요. 고만 둬라우. 다 듯기실소. 원수의 돈! 원수의 돈! 원수윗 돈! (고개를 들어) 내가 그래 개만도 못하요. 나 실타는데 왜, 왜. (턱을 떨면서 소리 질는다).
안 : (風雨前과 갓치 고요히 잇다가, 고만 벌덕 이러나) 에잇 망할 년! 나가그라. 나가! 내일이라도 방 내놋코 빗 내놋코 나가면 고만 아니냐. 널 더러 누가 밋지라고 하드냐. (뜰로 내려오며) 쥬져너분한 년이 쥬져 넙다. 쥬져 넙다.³⁵⁾

2막에서 이영녀는 지방 굴지의 부자인 강영원의 행랑채에

---

34) 전게서, pp. 102-103.
35) 전게서, p. 110.

살고 있다. 밀매음으로 30일 동안 구류당했다가 의외로 경찰서장이 직업을 알선해 준다고 부탁한 이가 이 집 주인 강영원이었다. 강영원이 기꺼이 자선심을 발휘해서 불러들여 자기가 경영하는 면화공장 공녀(工女)로 채용한 것이다. 그러나 그의 자선심이란 기껏 그녀의 육체를 차지하기 위한 계략이었음이 나중에 드러난다. 영녀는 일요일마다 몸을 그에게 제공한다. 어느 날 그녀는 공장감독과 싸우게 되고 강의 설득에도 불구하고 끝까지 자신의 정당성을 주장하다가 공장과 강영원의 집으로부터 쫓겨나게 된다. 한편 영녀의 남편 청운이 객지에서 어떤 석수(石手)와 싸우다가 죽었음이 뒤늦게 밝혀진다. 전막에서와 마찬가지로 2막에서도 영녀의 직접적인 등장은 극히 적은 부분에 그치고, 행랑에 함께 살고 있는 이웃 사람들의 서민적인 삶이 리얼하게 묘사된다.

    인범이네 : …… 그래자너도 참사장(參事丈, 姜永元을 지칭함)이 악가 부른다고 왓데.
    영녀 : 왜? 오늘은 공일도 안인대?
    기일 : (빗쏘는 말로) 왜는 왜. 다 속이 잇서서 그러치. (영녀 그이를 흘겨보고 외면한다) 참 일이 잘 될냐면 그러는 것이여. 오늘 일즉이 올 쥴도 똑 알고 잇섯든 것이지.
    영녀 : (기일이는 못 본 체 하고) 오늘 또 공장감독하고 싸우고 왓소. 엇지 사람을 개 돼지 모양으로 부리는지 몃몃시 공론을 하고 대구를 해 줫다우. 사람이 챰을 수가 잇서야지…….36)

---

36) 전게서, p. 114.

3막에서 영녀는 유서방과 동거한다. 유서방은 '튼튼하고 힘세고 원시적인 자연 속에서 큰 힘으로 펄떡 뛰어나온 듯한 33세의 노동자'이다. 영녀는 앓고 누워 있는데 그 까닭은 유서방의 강한 정력을 감당하지 못하기 때문이며, 거기에 영양실조까지 겹쳤다. 아내에게서 만족을 취할 수 없는 유서방은 영녀의 딸인 명순이까지 겁탈하려다 실패한다. 영녀는 결국 죽고 마는데, 전막에서와 같이 그녀의 행위는 별반 직접적으로 드러나지 않는다. 맨 마지막 장면에서 이웃여인인 기일이네는 명순에게 "너 어머니 만큼 입뻐도 져 신센대, 입뿔수록 시집 안 가야지" 하고 타이른다. 어머니와는 다른 새로운 여인상으로 성장해 주기를 바라면서 하는 말이다.
　이영녀는 어둡고 차가운 현실 속에서 그 나름대로의 안간힘과 노력, 저항을 해 보았으나 결국은 죽음에 이르고 만다. 영녀뿐만 아니라 그녀를 둘러싸고 있는 대부분의 이웃사람들, 심지어는 그녀의 전남편 청운이까지도 그러한 실체로 묘사되었다. 영녀의 죽음에 대한 근본적인 원인은 사회적인 측면과 개인적인 측면에서 찾아볼 수 있는데, 여기서는 사회적인 측면이 더욱 강하게 부각되었다. 즉, 한 여인의 개인적인 노력에도 불구하고 결국은 그녀가 소속되고 있는 사회가 개인의 삶을 결정해 버린다는 견해가 작가의 입장이었던 것이다.
　이처럼「이영녀」는 사회의 현실에서 소재를 택하고 특히 추악한 현실이라 할 수 있는 매음의 문제를 취급하였으며, 종래의 지나친 무대유희적인 연극성을 피하기 위하여 격렬한 극행위를 직접적으로 노출시키지 않고 영녀의 삶을 간접적으로, 그러나 진실하게 드러나도록 하였다. 아울러 등장인물에 알맞은 언어와 연기를 부여하고, 무대장치와 의상을 갖추게 함으로써 당대 현실의 한 단면을 그대로 보고 느끼도록 표현해 놓았다. 특히 목포 사람들을 중심한 지방 사투리가 빚는 극적 분위기는 때로 절묘한 경지에까지 이르고 있다.

대화 역시 치밀하게 미리 작성된 것처럼 술술 흘러나오는 것이 아니라 간혹 더듬고, 거칠고 심하게 생략된 상태로 구사된다. 영녀의 죽는 장면에서도 강렬한 종말을 피하고 있다. 요컨대 수산은 영녀의 삶과 죽음을 실제 인생의 한 토막으로 그리기 위해 심혈을 기울이고 있었음이 분명히 드러난다. 이런 여러 가지 사실로 미루어 보아, 「이영녀」는 양식적인 측면에서 서구 사실주의의 방법론이 최초로, 본격적인 의미에서 한국에 토착화한 작품의 실례로 제시될 수 있다. 지금까지 이 방면에 관한 작품으로는 1930년대 초에 발표된 유치진의 「토막」이 주로 거론되었음을 상기할 필요가 있다.

여기서 새삼 기억되는 것은 수산이 대학시절에 서구 근대극 작가들에게 깊이 경도되었다는 사실이다. 특히 쇼에 대한 집착과 영향은 심대했다. 그가 번역하였다는 「워렌부인의 직업」은 마침 매음의 문제를 다룬 것이어서 「이영녀」와 어떤 영향관계마저 성립됨을 추론해 볼 수 있다. 주지하는 바와 같이 워렌부인 역시 매음을 일삼는 여인이며 그녀의 육체적인 매력과 애교, 낭만적인 애정관을 통해서 남성 앞에서 애완용 인형이나 성욕의 대상으로 존재하고 있다. 그녀는 매음 자체를 즐기고 있으며 양심 문제와는 거리가 멀다.

이에 비해서 그녀의 딸인 비비(Vivie)는 어머니와 같은 낭만적이며 퇴폐적인 의식에 반기를 들고 남성의 횡포에서 해방되려고 애쓴다. 쇼의 작품인 「홀아비의 집」·「엽색한」·「무기와 인간」에 등장하는 불랑쉬(Blanche)·줄리아(Julia)·라이나(Raina)처럼, 비비 역시 지적이고 현실적이며 독립된 개체로서 구속에서 벗어나려고 애쓰는 자세로 일관하며, 또 남성들에게는 생명력 넘치고 정력적인 접근을 과감히 시도하는 모습을 보여줌으로써, 종래의 관습적이고 낭만적인 여성상을 극복하고 새로운 여인으로 살아가려는 의지를 대변해 준다.37)

「이영녀」에서 굳이 워렌부인의 모습을 찾는다면 안숙이네와 영녀를 들 수 있는데, 수산의 말처럼 '관구네는 (매음을) 어떠한 방법으로 생각하였고, 안숙이네는 (그것을) 유일무이한 윤리적 주장'38)으로 받아들이고 있기에 둘 다 워렌부인과 일치하지 않는다. 즉 영녀는 매음을 생활의 수단으로 삼고 있을 뿐이고 안숙이네는 오랜 동안의 습성에 젖어서 윤리상으로도 전혀 거리낌을 갖지 않는다는 차이를 지니고 있는데, 둘 다 가난을 해결하는 방법으로 애초에 매음을 받아들인 데에는 공통점이 있다. 이러한 동기와 태도는 워렌부인의 입장과 다른 점이다.

또한 쇼에게서 중요시되는 워렌부인의 딸 비비의 여인상을 이 작품 중에서 찾는다면, 영녀의 딸 명순이를 들 수 있는데 비비와 같이 여성으로서의 명료한 가치관이나 사회의식을 지

---

37) Bernard Shaw, Mrs. Warren's Profession, Plays Pleasant and Unplesant, pp. 145-247 참조.
38) 『김우진 전집』 I, 「이영녀」, p. 102 참조.

니고 있지 않다. 따라서 수산이 분명히 쇼의 작품에서 영향을 받았다 하더라도 당시의 한국적인 현실을 구체적으로 표현하려는 일련의 독자적이며, 독창적인 모색 속에서 쇼의 영향은 짙게 굴절되었다고 보아야 할 것이다.

끝으로 「이영녀」를 통해서 일찍이 1910년대 춘원의 「규한」에서 거론되었던 근대극의 문제가 재론될 수 있다는 점이다. 「규한」에 등장하는 여성은 구식결혼에 의해 소박당함으로써 그 충격으로 미치게 되는데, 여기서는 여성 자신이 자기 문제를 극복하기 위해 애쓰다가 죽음으로써 분명하게 근대적 성격을 드러내고 있다는 점이다.

> 그 당시의 문학청년이나 지식청년이 대부분 그러했듯이 제일차 세계대전 전후의 사조로 니이체의 초인사상이나 톨스토이의 인도주의사상에 영향을 받았고……39)

> 당시 목포부두 노동자파업이 있었을 때 7개월간 초성(수산)은 그들의 생활을 돌보았고, 잡지 『조선지광』(朝鮮之光)의 기금을 보태기도 하고, 여러 고학생의 학비를 돕기도 했다.40)

> 근면·검소·겸손한 생활 속에서도 말없이 남을 돕는 일을 하여 왔다. 목침 위에 촛불을 놓고 *Das Kapital*을 공부하기도 하였으나 그의 사상은 쇼에 경도하면서 항상 빈민층에 동정하고 특히 일제식민지하의 한국사람으로서 그 고민은 배가된 것이라고 할 수 있었다.41)

---

39) 이두현, 『한국신극사연구』, pp. 109-110.
40) 전게서, 「金益鎭談」, p. 111.
41) 전게서, p. 111.

이상은 수산의 사회문제에 대한 관심을 엿볼 수 있는 자료들이다. 그리고 이러한 그의 관심은 「이영녀」에서 그런 대로 잘 표명되어 있다. 작품에 재현된 사회상은 빈곤·폭력·부조리·무질서가 난무하는 어두운 면을 배경으로 그 속에서 살아가는 서민들의 고뇌에 찬 모습을 그리고 있다. 작가는 이러한 서민들의 삶을 매우 따뜻한 시선으로 바라보고 있다. 실제로 당시 목포에는 이영녀처럼 살아가는 여인들이 적지 않았음을 확인할 수 있다. 매음이나 노동을 생활의 수단으로 삼고 있는 영녀 역시 예외는 아니다. 영녀를 통해서 우리는 1920년대에 있어 하나의 일상성과 객관성을 획득한 한 여인상을 만날 수 있다. 이러한 객관성이 작품 「이영녀」를 설득력 있게 받아들이도록 해준다.

그러나 앞서 지적한 바와 같이 이 작품에서 영녀의 극적 성격이 취약하게 표현된 점은 중요한 결점의 하나로 지적된다. 영녀는 자신의 비참한 삶을 극복해 보기 위해서 냉엄하고 추잡스러운 현실에 저항하지만 결국은 실패하고 마는데, 이는 앞서 언급한 바와 같이 개인의 삶이 사회적 조건에 의해 결정된다는 작가의 견해가 지배적으로 작용하였기 때문일 것이다.

여기서 우리는 또한 개인의 삶이 그 자신의 투철한 의지에 따라서도 결정될 수 있다는 다른 측면을 고려해 볼 필요가 있고, 아울러 그러한 새로운 근대적인 인간상을 모색하고 창조하기 위해서 사실주의 문학과 예술이 기여한 업적을 상기하게 된다. 오히려 이러한 새로운 삶을 위해서 리얼리즘은 보다 차원 높게 기여될 수 있었던 것이다. 여러 작가의 예를 들 것도 없이 앞서 지적한 쇼의 초기작에 등장하는 여인들이 바로 이에 적절한 사례이다. 이와 같은 관점에서 보면 이영녀는 일면 현실적인 객관성을 획득하기는 하였으나, 근대적 여인상으로 성격구현이 미약하다는 한계성을 발견할 수 있다.

㉠ 영녀 : ……나도 정든 이라고난 후지이후(後之以後) 그 사람이 처음이지마는 제각긔 팔자 소관이지. 그이가 그러케 되는 것도 그 이 팔자, 내가 이 모양으로 고생 밧는 것도 내 팔자……
㉡ 영녀 : (힘 잇게) 주먹이 무서울 거시 머시 잇다요. 올코 그른 거슬 몰나주는 하누님이 야속하지.42)

㉠은 팔자소관으로 돌리는 체념으로 단순히 소극적이라 할 수 있으며, ㉡은 이러한 소극적인 체념이 더욱더 강한 고난과 파탄에 부딪치게 될 때 나타나는 어떤 절대자에 대한 노골적인 원망의 표현이라 할 수 있다. 이러한 영녀의 태도는 도처에서 목격된다.

「이영녀」의 논의가 이즈음에 이르렀을 때 비로소 우리들은 작품이 본질적으로 안고 있는 형식과 주제상의 괴리(乖離)를 목격하게 된다. 즉 형식적인 면에서는 매우 참신하고 설득력 있는 리얼리즘을 성취시키고 있으나, 정작 이 작품에서 추구되었어야 할 새로운 차원의 인간형은 취약하게 드러나고 있기 때문이다.

---

42) 『김우진 전집』 I, 「이영녀」, p. 108, 114.

(3) 「두더기 시인의 환멸」

1925년 12월에 탈고된 「두더기 시인의 환멸」부터 그 이후의 두 작품은 모두 자서전적인 특징을 강하게 반영하고 있다. 두더기란 누더기의 목포지방 방언인데 수산은 자신의 내면적 체험의 한 측면을 천박한 시인의 환멸이라는 이미지로 집약시켜 놓은 것으로 보인다. 애초에 이 작품은 희극으로 꾸밀 의도로 쓰어진 것이나, 실제의 내용에 있어서는 진지하게 토론적인 대사가 많이 노출되고 있어 희극적인 의도가 명료하게 살아나고 있지는 않다. 그만큼 작가와 시인과의 거리는 가깝게 느껴져서 이른바 희극적인 불일치(incongruity)가 뚜렷하게 성립되지 않는다. 그러나 그럼에도 불구하고 작가가 본래 의도했던 장르의식은 여기서 존중되어야 할 것이고, 그렇게 되었을 때 등장인물들의 우스꽝스러운 면들이 온당하게 이해될 수 있으며, 결과적으로 전체적인 작품의 해석·평가에 도달할 수 있을 것이다.

「두더기 시인의 환멸」에는 시인(이원영)과 그의 처, 그의 모, 그리고 그의 애인(박정자) 등 네 명의 등장인물이 등장한다. 원영은 오로지 시작(詩作)과 시낭독에 열중할 뿐 그 가족들의 생활에 무관심하고 심지어는 가정을 감옥으로 생각하고 있다. 어느날 밤, 정자가 시인의 집으로 찾아든다. 정자는 올드미스로서 전부터 원영과 사귀고 있는 사이다. 그녀는 매우 지적이고, 자유분방한 정열적인 여인으로서 개성이 강하고 중심이 뚜렷한 이른바 신여성이기에 남성과 교제함에 있어서 결코 고분고분하지 않다. 원영 역시 번쩍이는 지성과 감수성을 지니고 있어 일상적인 삶에 과민할 정도로 반발하면서 자신만의 세계에 탐닉한다. 때로는 지나치게 감상적이고 관념적이며 환상적인 성격을 드러내기도 한다. 두 사람은 서로 촌보(寸步)도 양보할 줄 모르고 상대방의 약점을 공격하고, 비판하면서도 일면 서로 이끌리는 마음을 지니고 있다.

원 : ……괘니 그러자너도 불상한 놈을 더 복글게 무에요.
정 : 불상하다니 어머니 게시구 어엽분 부인게시구 귀여운 아들 잇구 집 잇구 양식 잇구 님 찻구 허는대 불상해요?
원 : 정자씨와 비해 보구려. 어엽부고 졈고 부모형제 업서 자유롭고, 자식남편 업서 귀찬치 안쿠. 게다가 봄꽂에 나븨 모이듯 천하의 재사명인 모여들구……
정 : (한번 내갈기며) 실예의 양반! 날 길가 게집으로 아는군! 오해하다가는 교제도 고만 둘 테얘요. 영영 다시 안 볼테얘요.
원 : 아냐. 정자씨가 오해하시는구려. 그런 뜻으로 하는 말은 아닌데. 난 저거두 정자씨를 이 세상에서 다시 업는 행복인, 다시 업는 자유인, 다시업는 선녀로 알고 하는 말인대…….43)

이상의 대화에서 양인의 성격이 잘 드러난다. 정자는 냉정한 눈으로 원영의 현실을 직시하고, 상대적으로 원영은 그녀를 이상적인 여인으로 생각하면서도 한편으로는 창녀적인 본질성을 공격하면서 자신의 사랑과 자유에 대한 동경을 드러내고 있는데, 그가 현실에 있어 안정성을 잃은 시인임을 즉시 알 수 있다. 극이 진행됨에 따라 원영은 부인과의 결혼생활을 저주하고

---

43) 『김우진 전집』 I, 「두더기 시인의 환멸」, p. 92.

사랑은 인정문제가 아니라 인생문제라고 강조하면서 정자에게 적극적으로 접근하려 든다. 정자는 마치 노련한 여교사가 어린 아이를 다루듯이 옆방의 부인을 의식하면서 타이른다.

　　정 : 당신 생각에는 모두가 당신 노리개감이 되면 만족하시겟지. 허지만 사람의 양심이란 노리개감이 될여구 피는 줄 아우? 물이 당신 노리개감이 될여구 흐르는 줄 아우? 새가 당신 노리개감이 될여구 흐르는 줄 아우?
　　원 : 날 그러케도 이해 못 하슈. 아아 어리석은 자여 네 일홈은 여자!
　　정 : 쏘 군소리……(자신잇게) 내게 배워요. 사람 불상히 녁이는 것을. 마음 속에서 참말 양심 속에서 꼿과 갓치 물과 갓치 우러나오는 사랑, 자연스럽게 자기를 이저버리는 사랑, 겸손한 사랑, 이것처럼 이 악착시러운 세상에 다시 귀하고 가치잇는 게 어데 잇겟소. 설령 그 사람이 무식하고 행다분하고 흉내만 내는 것 갓흔 사랑일지라도 그보다 더 큰 복이 어듸 잇겟소.
　　원 : (벌덕 이러나며) 개 속에는 개 창자 밧게 안 드는 게로군.
　　정 : (역시 벌덕 이러서며) 흥, 두데기 시인 속에는 두데기 밧게 안 드는 게로군!
　　원 : 대체 내게 무얼 어드로 왓소.
　　정 : (쌀쌀 우스며) 엇긴 무얼 어더. 그 양반 큰 일 내겟네.
　　원 : 설교해 주려 왓소? 미안하지만 여기는 구세군집이 아냐요.
　　정 : (역시 쌀쌀 우스며) 두데기 시인집에 시 읽는 소리 드르려고 왓다고나 해 둘가. 만족하시겟소?
　　원 : (독이 나서) 이 뱀파이어!
　　정 : (물너서서 무서운 얼골노) 무엇이야. 날 그 밧게 안 보앗소 그려. 흥 시인의 환멸이로군…….44)

이상의 대화에서 정자의 사랑에 대한 의식이 잘 드러나고 있다. 그녀가 이상적으로 생각하는 것은 소위 신여성들이 그러했듯이 양심과 자유와 존경과 겸손에 바탕을 둔 사랑이며, 여태까지 원영을 그런 입장에서 사귀어 온 것인데, 원영의 태도가 온당하게 여겨지지 않기 때문에 대립하는 것이다. 한편 원영의 입장에서는 정자의 그러한 태도가 훌륭해 보이면서도 때로는 신여성의 역겨운 정신적 사치로 느껴지기도 한다. 그리하여 원영은 정자를 개창자·흡혈귀·설교가 등에 비유하면서 그녀를 공박하고, 정자는 누더기같이 천박한 시인에 대하여 환멸을 느낀다고 선언하는 것이다.
　이와 같이 하여 원영의 입장에서는 자신의 자조에 찬 생활에 대해서 '시인 스스로의 환멸'을 갖게 되고, 정자로서는 '시인에 대한 환멸'을 점차 증가시키게 되는 것이다. 양자 사이는 애증(愛憎)이 상대적으로 공존하는 관계라 하겠다. 또 한편 주목되는 것은 이들의 관계가 누이와 남동생의 오누이관계로도 진전된다는 사실이다. 원영은 정자에게서 다정한 누이의 모습을 찾고 그녀에게 의지하려 하고, 정자는 원영의 고민을 가엾게 여겨 감싸 주려는 자세를 취하기도 한다.
　「두더기 시인의 환멸」에서 가장 주목되는 점은 주인공 원영이 심한 여성 혐오증세를 보이는 것이다. 이러한 증세는 단순히 부부관계의 일시적인 권태나 이른바 신여성의 허위의식에 대한 야유와 비판의 단계를 훨씬 지나서 작가 나름의 어떤 본

---

44) 전게서, pp. 93-94.

질적인 문제에 대한 집착과 반응을 드러내고 있는 것으로 판단된다. 주인공 원영은 여성을 창녀나 흡혈귀로, 아내를 인형 같은 허수아비·벌레·포유동물로 비유한 바 있거니와, 그는 정자를 짝사랑하던 남자(황해훈)가 본처를 두고 자살한 사건을 가지고 정자와 대화를 하면서 여성을 몹시 저주한다.

    정 : ……해훈이란 것 쩔벌이가, 나를 속일여다가 제가 제 손에 속어 넘어 간게지. 속어 넘어 가기도 부족해서 자살까지 해서 속죄를 하지 안엇소? 그러나 남어 잇는 처자야말노 애매한 고생과 불행을 밧구 잇지 안소? 황씨나 당신이나 오십보 백보지.
    원 : (휙 도러 안즈며 시인 독특한 영감에 쏘이여) 다시 이 화석에게 말해 무엇하리! 아 생식에 능하고 두골에 결핍 한 여자여!
    정 : (소리쳐 우스며) 아하 하하 참 시인 소리요.
    원 : (여전히) 아 나는 아담과 이부를 유혹한 너 한마리 배암을 저주하노라! 그 간휼(奸譎)을 미워하지 안코, 네 존재를 저주하노라. 배암과 아담과 이부를 한 낙원속에 다 갓히 너어둔, 저 하느님을 저주, 저주하노라!
    정 : 훌융한 걸! 상당한 걸! 내게 데듸케-트해서 제목 부처서 발표하슈. 그러면 시인의 덕에 나도 좀 세상의 이야기거리가 되게.
    원 : (다시 지상으로 돌아와서) 무어라고 햇지? 시인? 자살! 처자! 불행! 오십보 백보!45)

원영은 뱀과 하느님을 저주하면서 실제로는 모든 존재를 저주한다. 그의 주위에는 어머니가 있고 아내가 있으며 정자와 같은 연인도 있다. 이들 여인에게서 그는 때로는 선녀와 같은, 때

---

45) 전게서, pp. 96-97.

로는 창녀와 같은, 때로는 다정한 누이와 같으며, 때로는 동물·괴물·인형과 같은 이미지를 느끼고 있는데, 이러한 복합적인 감성 속에서 여인에 대한 저주도 일고 있는 셈이다. 그리고 대화 속에서의 시인의 저주는 자서전적인 체취를 느끼게 한다.

그의 일기 「마음의 자취」에서 그는 가정을 감옥이라 명명하였다. 1924년 6월 19일자 일기는 영문으로 기록되었는데, 작가 자신을 감옥 속에서 상심의 노래를 부르는 새에 비유하고 있다. 즉 그는 철창 속에서 억압당했고, 현재도 억압받고 있는 연약한 새로서 고통이란 쓴잔을 마시며 슬픔의 노래를 부르고 있으며, 자기 스스로의 노래가 곧 인류의 노래가 될 수 있다고 믿고 있다. 그는 자유와 옛날의 평화롭던 시절을 꿈꾸고 노래하면서 억눌린 환경과 고뇌에 찬 삶으로부터 벗어나려고 몸부림치고 있었다.46) 이를테면, 이러한 작가의 환경과 내면적인 의식이 「두더기 시인의 환멸」속에 투영된 것으로 볼 수 있다.

한편 작품에 반영된 남성 대 여성의 애증관계나 상호의 우월감은 수산이 일찍부터 심취한 바 있는 쇼나 스트린드베리47)

---

46) 『김우진 전집』 II, 일기, pp. 297-298.

"I sing the song of the heartbreaking bird in the gaol. The bird sings nothing but his yearning toward of getting freedom, dreaming in the days life. I sing the song of the oppressed, oppressing and weak bird in the gaol. The bird sings nothing but his lamentable agony of life, drinking the water of bitterness. Now, I am the bird without freedom and oppressed. I see there are and would be such comrades with as the song as mind. I wanted to hear the song of my comrades. But I can sing, through myself, the song of the human race. Korea as well as cosmopolitan as I am. I can do nothing but sing the song of myself. My comrades of the world! I am myself as well as yourself."

47) 수산이 '가장 숭배하고 깊이 연구한 것은 스트린드베리였다', 돌아오지

의 영향에서도 규명해 볼 수 있다. 공교롭게도 쇼나 스트린드베리가 복잡한 가정환경 속에서 작품활동을 하고 있었다는 사실과 수산의 경우가 일치하고 있으며, 두 작가가 공히 여성에 대한 혐오와 학대증을 지니고 있었다는 점도 그와 유사한 측면이 있다. 앞서 쇼의 반낭만적(反浪漫的)인 초기 여성관에 대해서는 언급한 적이 있다.

　남자와 똑같은 사회적 지위와 자유를 얻고자 필사적인 노력을 하고 있던 쇼 작품 중의 여자들은 차차 남자들의 인생의 동반자로서가 아니라, 남자들의 믿음직하고 위안을 받을 수 있는 어머니로서의 역할을 하게 된다. 그리하여 여성해방을 운운했던 동정적인 대여성관(對女性觀)은 달라져서 여성을 강력한 남성의 어머니, 다시 말하면 남자들의 지배자로서 등장시킨다. 쇼의 후기 작품을 통해 우리는 그가 주장해 온 성(性)의 평등이 여성의 해방을 말하는 것이 아니라 체스터턴이 지적한 바와 같이,[48] 오히려 '여성의 학대로부터 남성의 해방을 갖고 온다'는 전혀 다른 정의로 변하였다는 사실을 알 수 있다. 쇼의 작품 중에서 수많은 남자들은 죽을 고생을 하며 추적자인 여자들을 피하려고 한다. 반면에 여자들은 그들의 목적을 달성하기 위해서 조금도 죄의식을 느끼지 않고 대담하게 남자들에게 거짓말을 한다. 여자들이 지니는 위대한 생의 목적을 위해서 이런 종류의 죄는 문제시되지 않는다. 즉 여자들은 돈 주안(Don Juan)의 말처럼 생명력(life force)을 이어 나아갈 의무가 있다는 것이

　못하는 김우진의 반생, ≪매일신보≫, 1926. 8. 6.
48) G. K. Chesterton, George Bernard Shaw, p. 68 참조.

다.49)

수산의 대학졸업논문으로 제출된 「인간과 초인」에서 여주인공 앤(Ann)을 중심으로 한 옥타비우스(Octavius)와 태너(Tanner)의 관계는 마치 「두더기 시인의 환멸」에서 정자를 중심으로 한 황해훈과 원영의 관계와 흡사하게 논술되었다. 황해훈은 정자에게서 낭만적이고 신비스러운 여인상을 찾으려 했으나 여지없이 실패를 하고, 결과적으로는 자살까지 이르게 되었다. 이제 정자와 원영 사이의 양성(兩性) 관계에서 이른바 주도권(initiative) 문제에 대한 갈등이 새롭게 전개되고 있는 셈이다. 또 다른 측면에서 원영을 중심으로 한 그의 처와 정자의 관계는 한국적인 구여성 대 신여성이라는 인간상의 탐색으로도 보인다. 원영과 정자가 주고받는 대화 가운데서는 「인간과 초인」의 지옥장면에 등장하는 돈주안과 안나(Ana)의 대화 내용과 유사한 부분들이 여러 곳에서 산견된다.50)

수산이 사숙(私淑)한 바 있는 스트린드베리의 「줄리에 양」(Miss Julie)에서도 「두더기 시인의 환멸」과 유사한 인간관계를 찾아볼 수 있다. 특히 애증의 공존이라는 측면에서 원영과 정자와의 관계와 쟝(Jean)과 줄리에 양의 관계는 기묘한 일치를 보인다. 다만 신분상에 있어 후자의 경우는 주인집 딸과 하인이라는 차이가 있는데, 이 점도 물론 무시할 수 없이 중요한

---

49) 이근삼, 「버나드 쇼오의 反浪漫的 여성관」, 『현대영미극연구』, pp. 30-60 참조.
50) 「인간과 초인」 이외에도 양성간의 관계를 다룬 쇼의 「워렌부인의 직업」, 「켄디다」, 「결혼」, 「피그메리언」 등의 영향을 받은 듯한 인상이 있다.

연극적 요소이기는 하나, 네 사람이 모두 남녀의 문제를 놓고 적나라한 토론을 벌이는 점에서는 공통점을 보여주고 있다.

「줄리에 양」은 개인의 심리를 주축으로 하여 남녀의 미묘한 애증관계가 명료하고 재치 있게 표현되었으며, 입센에게서 간혹 보이는 조작적인 요소가 없이 치밀하게 구성되었기 때문에 이미 정평을 얻은 작품이다. 그러나 대비적(對比的)인 입장에서 볼 때, 수산의 경우는 스트린드베리의 명료성이나 치밀성에 미치지 못했다고 할 수 있다. 「두더기 시인의 환멸」에서 결함으로 지적되는 것은 원영을 중심으로 한 처와 정자의 인간관계가 극적 성격으로 분명하게 부각되지 못하고 있는 점이다. 원영이 여성을 증오하는 입장에서는 처와 정자가 동격으로 취급되는 것을 납득할 수 있으나, 원영이 유독 정자에게만 호감을 품고 있는 그 까닭이 분명히 제시되지 않았다. 이러한 관계는 「줄리에 양」에서 장을 중심으로 한 줄리에 양과 크리스틴의 자연스럽고도 미묘한 갈등에 얽힌 전개과정을 대비해 보면 쉽게 이해할 수 있을 것이다.

끝으로 작품 전체의 특징을 지배하고 있는 희극 장르로서의 통일성 문제를 살펴보기로 한다. 앞서 말한 바와 같이 이 「두더기 시인의 환멸」은 처음부터 희극으로서 씌어진 것이었으며, 주인공으로 등장하는 시인을 거리를 두고 객관적으로 묘사하려는 의도를 지니고 있었다. 시인이 지니고 있는 편견·허영·과장 등을 야유하고 비평하려는 것이 작가의 근본적인 취지였다. 그러나 우리가 이 작품에서 뚜렷하게 볼 수 있는 것은 작가 자신의 자조에 찬 정신적 방황과 자기 환멸이고, 미처 주체

하지 못하는 복잡한 심리적 갈등일 뿐, 일관된 인간상의 추구를 찾아보기 힘들다는 점이다. 즉 독자적으로 살아 있는, 개성을 가진 인간을 만나기는 어렵다. 정자와 처의 등장을 통해서 구식 여성을 버리고 신여성을 내세우려는 일단의 취지를 엿볼 수는 있으나, 작가가 이상으로 그리는 새로운 여인상을 명료하게 추구한 것으로 드러나지는 않고 있다.

전체적으로 등장인물에 대한 작가의 태도와 시점이 안정되어 있지 않고 절제되어 있지 못한 인상을 주고 있다. 이런 이유로 해서 희극적인 불일치로 인한 웃음이 쉽사리 성립되지 않는다. 시인의 행위가 우스꽝스럽게 보이기보다는 줄곧 심각하게 느껴지기만 한다. 작가와 주인공과의 거리가 객관적으로 유지되지 않고 작품이 전개됨에 따라 거리가 점점 가까워져서 나중에는 작가의 주관과 일치가 되어버리기 때문이다. 따라서 작품 전체의 희극적인 통일성은 끝내 성취되지 않은 채 미완성으로 끝나고 말았다. 이것이 바로 이 작품이 근본적으로 지니고 있는 취약점이라 하겠다.

(4) 「난파」

수산의 네 번째 작품인 「난파」의 표지에는 '3막으로 된 표현주의극'(Ein Expressionistische Spiel in drei Akten)이라는 기록이 있다. 이 작품이 애초에 표현주의적인 방법을 차용한 것임을 시사해 준다. 이 작품은 그의 희곡 5편 가운데서 가장 자서전적인 것이며, 수산의 가족사라 이를 만큼 가문과 가정 환경을 적나라하게 극화시켜 놓았다. 물론 이 작품의 소재가 모두 작가의 실제적인 환경과 일치한다고 성급하게 단정할 수도 없고, 또 사실이 그렇다 하더라도 오늘의 시점에서 그 점을 분명히 실증하기도 어려우나, 작품 전반에 흐르고 있는 강렬한 자서전적인 분위기는 적어도 필자의 가족사관(家族史觀)을 긍정적으로 밑받침해 주고 있다.

등장인물을 주인공 중심으로 본다면, 주인공은 시인으로서 작가 자신의 투영으로 볼 수 있다. 시인의 아버지와 죽은 어머니(즉 친모)가 나오고, 죽은 제1계모(第一繼母)와 그리고 제2계모(第二繼母)·제3계모(第三繼母)·제4계모(第四繼母) 등이 등장한다. 죽은 할머니가 신주(神主)로 변신해 나오는데 그녀는 김씨 가문에 첩으로 들어온 여인이었고, 따라서 시인의 부친은 서자(庶子)로 설정되어 있다. 악귀가 하나 출현하는데 그는 시인의 백부의 아들로(사촌간) 가문의 종손이다.

큰 갈레오토가 시인 어머니의 사자(使者)로 나오는데 작가는 호세 에체가레이(Jose Echegaray)의 「큰 갈레오토」(El gran Galeoto)에서 출전된 인물임을 밝혔다. 시인을 중심으로 세 여성이 출현한다. 백의녀(白衣女, 망령)·비의녀(緋衣女)·비비(나중에 카로노메로 변신한다) 등이다. 비비(Vivie)는 시인이 동경하는 이상적인 여인상으로 등장하나 나중에는 어머니의 반대로 결합에 실패, 시인의 그리운 여인 카로노메(Caronome)로 변화된다. 작가는 이 두 여인이 쇼의 「워렌부인의 직업」과 베르디의 「리골레토」(Rigoletto)에서 각각 출전된 인물임을 밝혔다. 이 밖에 시인의 동복제(同腹弟)와 이복제(異腹弟), 제1우(第一友)·제2우·제3우·

의사 등이 출현된다.

　이러한 인물들이 실제 작가의 가족들과 어떠한 관련을 가지고 있는가를 규명하는 것은 이 작품의 해석에 하나의 중요한 단서를 제공해 줄 수 있을 것이다. 왜냐하면 이 작품이야말로 작가가 가문과 가정이라는 환경 속에서 다른 작가들과는 다른, 고민과 투쟁과 좌절과 방황과 절망을 겪은 특수한 내면적 체험을 표출시키고 있기 때문이다. 이 작품은 막연하나마 어떤 새로운 인생과 자유로운 세계를 꿈꾸고 동경하던 시인이 전통적인 인습이라는 밧줄과 가문·가정이라는 경직화된 구속, 그리고 인정과 혈맥이라는 압력, 사회적·정치적인 제약 때문에 결국은 삶의 항로에서 난파당할 수밖에 없었던 체험을 투영시키고 있다.

　일찍이 수산은 자신의 가정을 감옥에 비유한 일이 있거니와 여기서 그의 일기 「마음의 자취」에 나타난 주목되는 몇 구절을 인용해 보기로 하겠다.

　　부주(父主)붓터 하서(下書)호신 중 피패악무도(彼悖惡無道)훈 호진(灝鑪, 사촌형)의 최근사가 기록ᄒ여 잇다. 그의 성질, 품지(稟志)눈 악마의 저주이다. ××기자손(其子孫)에게 잠세(潛勢)되얏던 악마의 저주가 표현될 줄을 확인ᄒ고 신(信)호다. (1919. 1. 28)

　　「돌아가신 어머니 생각나?」 익진(益鑪, 동생)이와 이약이하든 끗이갓치 물었다. 「안이나요. 당초에 몰으겟서요. 다만 기억나는 것은 저긔 저 강변에 어머니 상여가 지나가는 것을 아모 철업시 이족에서 촌아해들과 갓치 우스며 바라본 것 뿐이야요.」 (1922. 9. 24)

가정이나 사회나 계급이나 물론 ××하고 타협이 아니면은 평화와 미소를 얻지 못하는 이 현존제도는 내의게 반항과 혁명을 요구한다. 성격에 뿌리박은 이 개인주의자(individualist)의게! (1923. 7. 2)

나는 숙명론자로 (광의로) 이 숙명을 버서나지 못할 줄 압니다마는 한가지 이 how의 생활에셔 내 가치를 낫하내고져 합니다. 요새 이 사실을 더욱이 알게 되엿습니다. 제삼자의 눈으로 보면 엇더게 뵈일지 모르나, 그러나 나는 나요! 것흐로 광인(狂人)에 지나지 못한 스웨던 극작가(Swedish dramatist, 즉 스트린드베리)의 생활을 난 흠모합니다. (1924. 8 . 24)

것자불 수 없는 무질서! 가문의 무정부주의(Anarchism of household), 이토록 일 쥴은 몰낫다. 내의게는 이 Babel의 혼란을 정리할 만한 능역 우에 힘잇게 덥퍼눌으고 잇는 성격상의 ××이 잇다. 그 때문에 그 혼란은, 무질서는 내의게 더 ×하게 뵈인다. 더 마음의 허덕그림을 금치 못하겠다. 이것이 소위「명문 ×족의 보전하여가는 집안」이다. 저주! 모도가 남자의 편견의 지배하는, 여자의 굼벙이 생활의 특징 아닌 것은 업다. 가부주인(家父主人)의 굉장하고 놀랠만한 집중력에셔 눈이 가물도록 휘돌아가는 와권(渦卷)이다. 이것이 한 나라의 사회상, 정치상이라면 고만이다. 그러나 모도가 생각하듯이 즐거운 가정(Sweet home)이냐 말이다. (1924. 11. 29)

가족주의의 용감한 행진. 그 가온대 반역자의 내가 잇슴을 꿈에도 모르는 아버지는 역시 인간이다. (일자미상)[51]

윗 글에 나오는 호진은 종손 4촌형으로서 가문의 산림을 도벌(盜伐)한 무뢰한으로 기록되어 있다. 부친이 서자였던 수산의

---

51)『김우진 전집』II, 일기, pp. 245-302.

가정은 큰댁 혹은 친척들과의 관계에서 복잡한 갈등을 겪었고, 또한 가풍을 중시했던 부친과의 사이에서 개인주의적이고 자유분방한 성격을 지녔던 수산 역시 심각한 고뇌에 빠져 있었던 것으로 드러난다. 어릴 때 모친을 잃은 기억과 성인이 되고 나서의 그리움, 가정과 사회에 대한 저항심과 혁명적인 진보정신도 일기에 그대로 반영되어 있다. 그런데 이상과 같은 문제들은 거의 사실대로 작품 속에 반영되고 있다. 우선 작품 가운데서 아버지를 중심으로 한 갈등을 살펴보기로 한다.

 부 : ……(악귀가 낫하난다. 부가 시인의 칼을 집어서 악귀의게 달녀든다) 이놈! 독사갓구 악마것흔 놈!
 악귀 : 네가 내게 아져씨발이 된다만 너는 서자(庶子)가 아니냐!
 부 : 이놈, 네 에미년 항문에서 너 것흔 놈이 나왓기로 종손 업서질 줄 아니! (말기러온 제일계모의게 칼로 머리를 찍는다.)
 제1계모 : (찔찔 울면서 다러나며) 이 몹쓸 귀신! (나간다)
 부 : (악귀의게 덤비며) 이놈! 이 악귀! 내 칼 마져라! 허다 못해 죽은 백골까지 파먹는 놈!
 악귀 : (큰 힘으로 부를 잡어 동댕이를 쳐 내붓친다) 이 간(奸)헌 놈! (이 때 신주 들어온다)
 부 : (다시 벌덕 일어날 때 위기일발) 아무리 악독허기로 네 놈의게 질 줄 아니! 이놈! (악귀 다라난다)
 신주 : 오, 내 아들! 내아들! 네가 향항(香港)가 잇슬 때 너를 못보고 죽은 한만 업스면 왜 모두 이겨버리지 안켓니? 우리 모자, 고부를 계집 개 보다도 멸시한 것 쯤이야 왜 못잇겟니? 내가 첩으로 들어간 것이 잘못이지.
 부 : (달녀들어 붓들고 퍽퍽 울며) 어머니! 이 불효자를 어머니로 하여금 철천지한(徹天之恨)을 먹게 한 이 불효자를! 나는 소위 나라

망하게되는 줄 안 그 시간에, 만사가 허사가 된 줄안 그 시간에 어머니를 차져 다녓슴니다. 불효의 속죄를 할려구 돈을 모으고, 안해를 여섯이나 엇구, 어머니를 수천리 타향에까지 뫼서다가 면례(緬禮)하고 산소 밋헤서 종신할녀구 햇슴니다. 그러나 나 것흔 청렴정직(淸廉正直)한 나를 왜 지금까지도 져 악귀가 달녀드는지 몰으겟슴니다.
  모 : (낫하나며) 여보, 당신 어머니가 당신을 날 때, 그때에 벌서 져괴선 (시인을 가르치며) 져 애를 약속하고 나온 것이오. 뭘 그리 잔소리를 허우.
  부 : 수천리 타향에서 어머니를 면례해 온 해 그해 구월에 져 애가 나온 것을 갈쳐 허는 말이오 그려?52)

 이상의 대사를 통해서 보면 시인의 부친은 서자로서 어린 시절에 어머니(신주)와 함께 무척 소외된 분위기에서 자랐으며, 큰집인 악귀네와 갈등이 심하였음을 알 수 있다. 청년시절에는 자수성가하기 위하여 분투 노력하였으며, 만년에는 여러 여인들을 거느리고 유족하고 근엄하게 살고 있다. 한편 시인의 탄생은 이러한 복잡한 혈족간의 갈등을 이어받아 저주스러운 숙명의 굴레를 쓰고 나온 것으로 묘사되어 있다. 시인은 아버지의 권위주의와 그 속에 가려진 모순을 놓고, 그러한 삶에 자신을 비추어 보면서 인간적 속성에 괴로워한다.

  부 : (낫하나며) ……너니? 내 아들이로군. 내 얼굴 좀 봐라. 쥬림 잡힌 이 얼굴. 왼갖 세상의 간난신고(艱難辛苦)를 격구 왼갓 세상의

---
52)『김우진 전집』I,「난파」, pp. 71-72.

현실의 길을 기내온 나를 좀 바로 쳐다보렴. 보면 네 어미란 것과 갓히 안져서 날 욕하지 안을 터이니.

시인 : (눈물을 흘리다십히) 나는 인과율(因果律)에 억매인 사람이요. 당신이 나를 당신의 동정사(同情事)를 맨들구 시푸면 나의게 우는 그 불행한 얼굴을 뵈이지 마시요. 그리고 날 때려 쥬시요. 죽두룩 때려쥬슈.

모 : 얘 좀 봐. 모두 이졋나 부다. 너 어렷슬 적에 너 아버지한테 대설대로 죵아리 어더맛고 까물친 것을 몰으니?

부 : 그럿치. 한 번 두 번 아니구. 내가 혈기방장햇슬 때 내 손에 안 마져본 날이 하로나 잇섯니? 너두 건망증이 대단하군.

시인 : 나는 이 건망증을 영광으로 생각하오. 그러나 매는 이졋셔도 눈물은 이즐 수가 업서요. 날 때려 달나는 말은 당신의 그 '양반가정' '신라성족(新羅聖族)의 후예'라는 자만을 내게서 빼서 달나는 말애요.

부 : (달녀들어 한 번 내갈기며) 불효자! 모든 것이 효에서 시작하는 것을 몰으니? 효! 서양놈 일본놈은 모르되 우리 조선사람은 충신도 효에서 치천하(治天下)도 효에서 나오는 것이다.

시인 : (악에 복밧쳐) 우주가 당신 명령으로 도는 줄 아오? 늘근 허수애비가!

부 : 이놈, 또 대설대로 마져 보려니? 아즉 기운은 잇다. (달녀든다)53)

아버지는 자신의 인생에 긍정적인 자랑스러움을 느끼면서 아들이 자신을 닮기를 바라고 있으며, 나아가서는 아들이 양반가문, 혈통의 명예를 계승해 주기를 바라고 있다. 아들은 이와 같은 아버지에게서 결코 떨어질 수 없는 인연적 존재임을 자각

---

53) 전게서, pp. 70-71.

하면서도, 한편으로는 그러한 보수적인 아버지와 전통적인 가문으로부터 벗어나려는 강렬한 염원을 가지고 저항하고 있다. 시인은 아버지가 가는 길과 자신의 행로 사이에는 태평양과 같은 간격이 있음을 지적하면서, '가문의 아들'이 되어 주기를 바라는 주위의 모든 친족들에게 '나를 쟁투(爭鬪)에서 벗어나게 해 달라'고 절규한다.

「난파」에서 모자간의 관계는 특히 중요한 비중을 차지한다. 어머니와 대면하는 경우의 시인은 벌거벗고 창백한 모습으로 등장하는데 이는 어린 시절에 돌아가신 어머니에 대한 추억을 암시하며 과거로 돌아가 천진난만한 어린아이의 눈을 통해서 어머니를 인식하는 태도를 드러내고 있다. 때로 시인이 심각한 궁지에 빠져 있을 때, 어머니가 나타나 그를 위로하고 충고해 주기도 하는데, 이는 어머니에 대한 무한한 동경과 그리움을 형상화시킨 것이다. 시인은 조상과 아버지, 여러 계모들뿐만 아니라 친어머니에게도 심한 저주와 원망을 동시에 토로한다.

　　시인 : (퍽퍽 울며) 왜 요 모양얘요. 왜 이리 압퍼요!
　　모 : 우는 것도 못 우는 것보다는 똑똑하다만 져 박갓흐로 나가서 현실을 보려므나. 그리고 너와 갓히 불완전한 더러운 다른 인간들과도 싸워 보려므나.
　　시인 : 난 실예요. 무서워요. 곳 무서워 못견디겟서요. 왜 싸우라면서 현실을 보라면서 이럿케 불완전하게 날 맨들어 줫소?
　　모 : 에잇, 귓치안은 쟈식! 불완전하닛가 싸우란 말야! 그래두 몰나? 흘인쟈식!
　　시인 : (달녀들어 치려한다. 그 순간에 모는 사라져 업서진다. 시인 한숨을 쉬고 안젓다)[54]

시인과 부모와의 갈등은 비비의 출현으로 더욱 심화된다. 비비는 앞서 논의한「워렌부인의 직업」에 등장하는 여인상 그대로이다. 나름대로의 자유분방한 생활과 이상적인 삶의 추구에 지극히 충실한 비비의 태도는 여기에서 시인에게 동경의 대상이 된다. 그녀는 항시 아리아「카로노메」를 부르기에 그 노랫소리는 시인의 뇌리에 깊이 자리잡게 된다.

    모 : (나오며) 비비인가 바본가 왠 양고쟈년이 나오드니 그 애가 일변해지는구려. 제 어미를 몰은 척 하구.
    부 : (따러나오며) 그러기에 여자란 요물야. 동양 사람의 챵쟈가 길다닛가. 남녀부동석(男女不同席)이 아니냔 말야. 게다가 왼 서양년이?
    제1계모 : (따러나오며) 그래두 아버지는 좀 잘 알어 쥬지 안 허우.
    제2계모 : (따러나오며) 원래가 효자의 아들이닛가.
    제3계모 : (따러나오며) 당신도 참 정신채려요.
    신주 : (나오며) 아들아! 며느리들아!
    부 : 허지만 내 생전 이약이야. 나 죽은 뒤에 계가 츔을 추든 지랄을 하든 상관잇소.
    제4계모 : 상관할려고 하면 되기나 허구?
    신주 : 무엇인지 큰 일이 생기나 부다. 이 심사구진 바람 봐! 외이리 떨닐가.[55]

이처럼 시인의 새로운 여인에 대한 추구는 가족들에게 일대 파문을 일으키게 되는데, 죽은 할머니와 어머니까지 등장해서

---

54) 전게서, p. 69.
55) 전게서, p. 80.

법석을 떨게 된다. 한편, 시인이 어릴 때 좋아했던 백의녀는 폐병으로 죽었는데, 그는 충격 때문에 자살을 시도한 적도 있었으며, 현실 속에 살아 있는 비의녀는 시인과 동침(同寢)하는 관계로 등장하고 있다. 3막에서 시인은 드디어 난파당하게 된다. 전통으로부터, 가문으로부터, 가정환경으로부터, 사회로부터 벗어나서 새로운 삶, 새로운 사랑을 전개해 보려던 시인은 결국 그러한 제약적인 조건에서 헤어나지 못한 채 난파당하고 만다. 비비는 '그리운 이름'인 카로노메로 변해 버리고, 시인에게는 무서운 고독과 절망과 좌절이 찾아든다.

  시인 : ……나는 이 쟈리에셔 곳 이지(理知)의 승리를 못 밋게 되엿슴니다.
  카로노메 : 그게 무슨 되지 못한 소리요.
  시인 : 그러나 사실을 엇더케 하우…….
  시인 : 불 안 켜진 등대 때문에! (중략)
  시인 : ……져 등대 밋헤 쟛버진 사람은 구원을 바들 길이 업소. 물에 뜬 부표(浮標)를 보고 나니 작구만 다른 방향으로만 흘너 가는구려.
  카로노메 : (달녀들어 손을 쟈부며) 왜 그래요? 살어야 합니다. 인생이란 군두 뛰는 것과 갓습니다. 살어야 합니다.
  시인 : 예젼에는 원리(原理)가 지도해 쥬엇지만 인졔는 사실이 끌어냄니다. 그러기에 난파(難破)지요.
  카로노메 : 힘써 보셔요.56)

---

56) 전게서, pp. 85-86.

시인은 난파당한 채 물결에 떠내려가면서 죽음을 강렬하게 의식한다. 그의 뇌리에서는 어머니와 카로노메의 환상이 끝까지 사라지지 않는다. 마지막 대사도 어머니와 이루어진다. 시인은 난파당한 자신을 오히려 행복하게 느끼면서 어두운 해랑에 떠밀려 가는 것이다. 「난파」는 1926년 5월 7일에 초고가 완성되었다.

  출가는 왜 하니?
  내 속의 생활을 완미(完美)케 하려고.
  흥, 속생활이 다 무엇이야. 가정을, 실생활을 이져버린다니 네 처지와 경우를 너무 무시하는건 아니냐.
  처지니 경우니 하는 것을 지금 날더러 이약이 할 필요는 업다. 과거의 내 생활과 그 주위는 죄다 이져버릴 테닛가.
  永久히?
  그럿치, 나 죽을 때까지 일시는 내의게 모든 기대를 쥬엇고, 욕구와 애정을 쥬엇든 모든 사람들과도 영구히 절연이다.
  왼 까닭이야.
  내 속 생활의 완미를 어들녀고.57)

「아 프로테스토」는 1926년 6월 9일 서울에서 수산이 쓴 것인데, 그가 출가하게 된 까닭을 적은 것이다. 자신의 정신적 내면으로부터 또한 현실적인 가정생활로부터 견디기 어려웠던 그는 집을 나서게 되었고, 그로부터 석 달 후에는 끝내 자살이라는 최후의 길을 걷게 되었다. '생활의 완미'를 추구한다던 그의

---

57) 전게서, 「아 프로테스토」, p. 213.

출가는 자살이라는 아이러니로 변해 결국 난파되고 말았다. 작품「난파」는 이처럼 그의 자살동기와 깊이 연관된다.

앞서 이 작품은 표현주의 형식으로 이루어진 것임을 밝혔다. 표현주의가 현실에 대한 주관적인, 사적인 비전을 표현한다든가, 자연에 인격을 부여하고 그 속에서 인간적 감정과 사상과 지각을 발견하든가, 따라서 사물의 외관(外觀)을 재현하는 데는 관심이 없고, 모든 물체와 행동과 체험을 인간적인 각도에서 해석한다든가 하는 특징을 갖는다는 점에서 볼 때,58)「난파」의 형식적 특징은 명실상부한 표현주의 형식이라 이를 만하다. 아울러 수산은 1925년 8월에 쓴「창작을 권합네다」에서 이미 표현주의가 발생하게 된 근본적인 원인을 규명하고, 그러한 방법에 입각한 창작의 필요를 역설하였다.59)

「난파」에서 작가의 내면적 세계를 형상화시키는 데 표현주의가 그 얼마나 적절한 방식이었는가는 재론의 여지가 없다. 문제는 작품 전체의 조화와 통일성, 인물의 창조, 그리고 작가의 비전이 얼마나 분명하게 드러났는가 하는 점인데, 대체로 방법의 차용에서는 참신한 재치와 기교를 보인 것이 사실이나, 전체적인 완결성에 있어서는 미숙한 면이 도처에 보인다. 이 점은「이영녀」에서의 사실주의의 차용과 흡사한 경우이다. 표현주의가 제아무리 현실에 대한 작자의 주관적인, 사적인 비전을 제시하는 것이 목표이고, 내면적인 의식의 세계를 취급하는 것이 근본 요건이라 하더라도, 그것은 일단 하나의 완결된 작

---

58) 박찬기,『독일문학사』, 장문사, 1974, pp. 424-426 참조.
59)『김우진 전집』II,,「창작을 권합네다」, pp. 110-114.

품으로 객관화시킨 뒤에야 적용되는 것이다. 같은 논리로 수산 역시 「난파」를 통해서 자신의 내면을 외계로 표현하려던 시도는 매우 값진 것이었으나, 작가의 사생활과는 달리 주인공 시인의 삶을 객관적인 인격으로서 독립성을 얻는 데는 결함을 드러낸 것이다.

시인이 자신의 운명과 고집스러운 성질, 그리고 복잡한 가정환경으로부터 벗어나려고 애쓰는 몸부림이나 절규는 선명하게 잘 드러났으나, 결과적으로 어디를 향한 항해인지가 분명하지 않기 때문에 마지막에 이르는 그의 좌절이나 절망이 의미 있게 부각되지 않는다. 다인(多人)이 다역(多役)을 맡아 등장하고 있는데, 각기 그들의 개성이나 역할이 때로는 산만하고 중첩 반복되기도 한다. 보다 과감한 생략과 압축, 절제가 필요했던 작품이다. 특히 부·모·계모·비의녀·비비·카로노메 등과의 관계만이 중점적으로 취급되는 구조로 이루어졌다면 훨씬 뚜렷한 완결성을 얻을 수 있었을 것이다. 그러나 이러한 몇 가지 결함에도 불구하고 「난파」는 우리 희곡사에서 최초로 시도된 본격적인 표현주의 작품이었다는 점에서 큰 의의를 갖는다.

(5) 「산돼지」

「산돼지」는 수산이 마지막으로 남긴 희곡이다. 이 작품의 집필과정에서 그가 친구인 조명희에게 보낸 몇 통의 편지는 작품을 이해하는 데 적지 않은 도움을 준다. 조명희의 시집 「봄잔듸 밧위에」(1924. 6. 春秋閣)는 그에게 새로운 감동을 주었다. 목포에서 시집을 받은 그는 장문의 독후감을 적어 서울로 보냈다 (1924. 4. 23). 다시 1926년 5월 11일자 편지에 의하면, 그는 조명희와 같이 문단의 그늘에 가려져 있는 재능 있는 시인을 아까워하고, 그러한 사람들을 위해 극을 쓰겠다고 하였다.

7월 1일 동경에서 보낸 편지에서 "「봄잔듸 밧위에」는 이삼일 전붓허 쓰기 시작합니다. 이달 안으로는 끗날 것으로 믿고" 있다고 했다. 7월 9일자에서는 작품 집필에 필요한 갑오동학(甲午東學) 관계자료를 보내 달라고 하였다. 7월 12일자에서는 "나로서는 자신잇게 쳐음으로 쓴 희곡삼막을 끗내고는 제일 먼첨 형의게 말"한다고 하였다. 이로써 「산돼지」의 초고가 완성되었음을 알 수 있다. 그 후 7월 30일자 편지에서는 초고를 수정하고 있음을 밝혔고, 8월 1일자에서 조명희에게 원고를 보내면서 다음과 같이 기록하였다. 이 편지가 그의 자살 직전 마지막 글이었다.

…… 과백(科白)의 정정(訂正)에 대해 형이 보시고 말 서투른 것이 잇스면 정정해서 주시요. 그러나 그 과백의 호흡에 치명상이 될 염려가 잇스면 불완전하거나 서투른 과백이라도 곳치지 말고 그대로 두시요. 그리고 정정하신 후 내게 회송할 것 업시 그대로 잡지사에 주시요. 져번에도 말했지만 저거도 한 막은 한 호에 다 내야 합니다.

이 희곡은 내가(自信이 아니라) 포부를 가지고 쓴 최초의 것이요. 주인공 원봉(元峯)이는 추상적 인물이요. 조선현대 청연중의 엇던 성격과 생명력을 추상해 본 것이요. 그 성격 중에는 형도 일부분 들고 김복진군(金復鎭君)도 (이약이 들은대로) 일부분 든 것 갓소이다. 선을 굴게 힘잇게 소화(素畵)로 쓰기로 애썼습니다. 이 까닭은 철저한 자연주의극은 우리의 오늘 내부생명의 리스ᄆ 과 갓치 아

니함으로외다. 그래서 이삼막 전편의 リスム 굴근 선의 진행이 이렷케 대강 되엿습니다.

  그러나 이것의 연출은 지금 조선무대에서는 불가능하겟습니다. 첫재로 연출자, 둘재로 무대. 그러나 이것은 내 행진곡이요. 일후의 엇던 극을 쓰든지 이곳에서 출발한 자연주의극, 상징극, 표현주의극 어늬것이 되든지 간에 주의해 둘 것이요. 형의 시의 인용은 잘 되엿든 못되엿든 용서하고 그대로 두시요. 나는 이상화의 「마돈나」를 안 보앗지만 형의 이 시 한 편은 지금까지의 조선신시인의 작품중에 걸작으로 알고 잇스닛까. 그만큼 나는 힘쓰고 애써서 더럽히지 아니하려고 햇습니다……. 만일 원고료를 쥰다면 그것은 …… 홍해성으로 보내 쥬시요. 그 까닭은 일후에 아시리라. (1926. 8. 1. 동경)60)

  이상에서 소개한 수산의 서신 내용들은 「산돼지」에 그대로 반영되었거나 대체로 흡사한 면모를 보이고 있다. 그의 말처럼 이 작품은 수산의 5편의 희곡 중에서 가장 공들인 작품으로 평가될 수 있으나 '내 행진곡'이란 말과 같이 자서전적인 범위에서 여전히 크게 벗어나지 못한 작품이다. '주인공 원봉의 성격은 조선 청년의 생명력을 추상해 본 것'이라 하였으나 실제로는 명료하게 객관화된 성격이 아니라, 종전의 주인공들처럼 작가 자신으로서의 체취를 강하게 반영하고 있을 뿐이다.

  여기서 우선 원봉의 성격을 고찰해 보는 것이 작품 이해의 척도가 될 것이다. 원봉의 아버지는 동학군이었다. 원봉의 어머니가 그를 잉태하고 있었을 때 난리가 일어나 쫓겨다니던 중,

---

60) 『김우진 전집』 II, 서간문, pp. 243-244.

관군에 의해서 강간을 당하였다. 그의 아버지는 감옥에 갇혔다가 참수당했는데, 함께 감옥에 있던 동료 최주사의 보호로 어머니는 원봉을 낳을 수 있었다. 역시 그의 어머니도 원봉을 낳은 지 며칠 만에 죽었다. 그리하여 원봉은 최주사댁의 손길 아래서 성장하게 되었는데, 그녀에게는 영순이라는 딸이 있다. 주사댁은 원봉과 영순이를 그들이 성장한 후 결혼시키라는 남편의 유언에 따라 온갖 노력을 하나 그들은 각기 다른 상대자를 사랑하고 있다. 영순이는 혁이라는 원봉의 친구와 사귀고 있는데 무척 현숙한 처녀다. 원봉은 정숙이를 좋아하는데, 영순과는 대조적으로 이지적이고 꿈이 많은 처녀다. 원봉과 영순을 결합시키려는 주사댁의 노력은 두 젊은이에게 심한 구속감과 반발을 일으키게 한다.

원봉은 마을의 청년회 상무간사로 있었는데, 바자회수입금을 횡령했다는 누명을 쓰고 불신임 직전에 놓이게 된다. 이로부터 그는 '산돼지'라는 별명을 갖게 되는데, 때마침 그가 좋아하는 정숙이는 마을의 한 청년과 일본으로 도주하고 만다. 이러한 가정적·사회적·심리적인 타격으로 인해서 그는 심한 신경쇠약에 걸리게 되고 꿈속에서 이미 죽은 유령들을 보게 된다.

　　원 : …… 이런 산돼지를 내 놋스면 왜 계멋대로 산에다가 기루지 안엇담. 제 멋대로 뛰여 다니면서 놀다가 계멋대로 죽어가게 왜 산에다가 길으지 안엇섯담……. 아버지 뜻을 바더 사회를 위해 원수갑고 반역하라고 가리쳐 쥬면서도 산돼지를 못난이만 뒤끌는 집안에다가 모라 넛고 쟈바 매여 두는구려…….61)

───────────
61)『김우진 전집』I,「산돼지」, p. 28.

이처럼 원봉은 혈연적이며 가정적인 구속을 증오하면서 무한한 자유를 동경하고 있다. 그는 현실을 어두운 감옥, 무거운 쇠사슬로 느끼는 것이다. 돌아간 부모에 대해서도 애증이 교차되고 있다. 특히 어머니에 대한 동경의 이미지를 살리기 위해 조명희의 「봄잔듸 밧위에」가 반복적으로 인용된다.
　어느날 일본으로 건너갔던 정숙이가 돌아오고, 원봉에 대한 주위의 오해는 풀리게 된다. 원봉을 시기했던 마을청년이 그를 궁지로 몰기 위해 공금도 축을 내었고 정숙이도 유혹했던 것이다. 정숙이와 원봉이는 예전과 같이 다시 친근해지고, 영순과 혁의 결혼도 최주사댁이 허락하게 된다. 마지막 장면에서 원봉과 정숙은 어디론가 먼길을 떠날 것을 이야기하는데, 그것은 그들이 동경하는 이상의 나라, 어머니의 사랑이 있는 곳임을 시로써 암시해 준다.
　「산돼지」는 앞서 「두더기 시인의 환멸」이나 「난파」와 같이 주인공이 처한 환경과 그 속에서 주인공이 겪는 내적인 갈등을 드러내는 데에는 설득력을 발휘하고 있으나, 결과적으로 주인공이 추구하려는 이상적인 세계나 삶이 무엇인지는 여전히 명료하게 드러내지 못하고 있다. 어두운 현실 속에서 자유를 동경하고 있으나 그 자유가 구체적으로 무엇을 창조하기 위한, 무엇을 이룩하기 위해 필요한 자유인지는 분명하지 않다.

　원 : …… 아버지도! 자기는 동학(東學)인가 무엇에 들어 가지고 나라를 위해, 중생을 위해, 백성을 위해, 사회를 위해 죽엇다지만 결국은 집안에다가 산돼지 한 마리 가두어 놋코 만 셈이야!62)

아버지의 뜻 있는 죽음이 원봉에게는 이처럼 사적(私的)인 죽음으로 처리되고 있을 뿐이다. 훌륭한 아버지가 자기를 낳아 준 일에 대해서 그 의미를 중요하게 받아들이기보다는 자신을 저주받은 인생으로 몰아 붙이고 있다.

원 : …… 반백이 된 머리털이 핏줄기 선 부릅뜬 눈 우에 헛트러져 가지고 이를 악물고서는 대드는구려. '이놈 네가 내 뜻을 바더 양반놈들 탐관오리들 썩어가는 선비놈들 모도 잡어 죽이고 내 평생 소원이든 내 원수를 갑지 안으면 …… 흐흐흐흐, 산돼지 탈을 벳겨 쥬지 안켓다'고!63)

이렇게 아버지의 유지(遺志)를 분명히 기억하고 있으면서도 실제적인 원봉의 행동은 그러한 연대의식 가운데서 자신의 현실을 극복하고 새로운 삶을 개척하려는 방향이 아니라, 오히려 극이 진행될수록 점차 현실과는 멀어져 가는 소극적인 행위로 변질된다. 원봉의 성격은 친구인 혁과의 관계에서도 단순히 복잡한 현실적인 양상을 드러낼 뿐 내면적인 의식들이 명료하게 부각되지 않는데, 이 점 역시 작품을 취약하게 만드는 원인의 하나가 된다. 누구보다도 혁은 원봉의 입장을 이해하고 그를 도우려는 인물로 등장하고 있다. 그는 현실적으로 냉철하고, 품위 있으며, 건실한 청년이다.

---

62) 전게서, 상동.
63) 전게서, 상동.

혁 : ……우리들이 우리 자신을 위해서 사는지 사회를 위해서 사는지 이 문제는 손 쉽게 이약이 못할 것일세. 그러나 다만 한가지의 점, 나라는 것과 사회라는 것이 합치되는 행동에 가서 우리들의 이상이라든지 기대라는 것이 실현된다면 이것처럼 장엄한 사실이 어대 잇겟나. 쟈네 자신으로 안져서도 여러가지 의문이 생기고 주저하는 일이 잇겟지. 그러나 그 의문과 주저에 몸을 맷긴다면 대체 무슨 까닭으로 죽지 안코 사러 잇단 말인가?
 원 : 얘 듯기 실다. 네 웅변은 인제 긔운빠진 나발소리로 밧게 안 들린다.64)

이처럼 친구의 간곡한 충고를 원봉은 한낱 기운 빠진 나팔소리로 일축한다. 두 가지 이유에서 원봉은 혁의 논리를 일축하는데, 하나는 기존 가치의 부정이라는 측면이고, 다른 하나는 영순에 대한 잠재적인 질투심 때문이다. 이 작품에서 혁은 현실에 순응적인 청년으로 설정되고 있는 반면, 현실에 저항하고 있는 원봉으로서는 그의 이야기를 수긍할 수 없다는 것이 명분으로 되어 있다. 그러나 실제로는 앞서의 혁의 대사에서 우리는 어떤 모순점을 발견하기보다 오히려 건강한 젊은이로서의 패기를 느낄 수 있다. 한편 원봉은 동생(실제로는 혈연관계 없다) 영순이가 혁과 사귀고 있는 것을 기뻐하면서도 일면 은근히 질투심을 느끼고 있는데, 이러한 이유 때문에 그는 때로 혁의 이야기를 신경질적으로 무시하는 경향이 드러나고 있다. 요컨대 원봉이 혁의 논리를 끝내 비판하는 성격으로 설정되었다면, 그에 대해서 적절한 구체적인 내용이 마련되었어야 했을 텐데,

---

64) 전게서, p. 17.

그러한 준비가 소홀했기 때문에 상대적으로 원봉의 성격은 취약해지게 된 것으로 생각된다.

  수산도 언급하였듯이, 작품「산돼지」에는 인물의 성격을 부각시키기 위해 사실주의(자연주의)·상징주의·표현주의의 방법이 광범위하게 차용되었다. 당시 연극계의 실정으로 보아 실제로 공연되기 어려울 줄 알면서도, 현실적인 낡은 방법, 타성화된 기존의식과의 타협을 과감하게 거부하고 이처럼 새로운 실험을 대담하게 시도한 점이 높이 평가될 만하다.「산돼지」에 광범위하게 차용된 이상과 같은 외래적인 방법들은 앞서「난파」의 경우와 같이 모두가 긍정적으로 그 효력을 발휘하고 있지는 않다. 따라서 전체적인 면에서는 이 작품 역시 완결성이 부족하다고 할 수 있지만, 그의 뛰어난 기교와 재치, 잠재적인 가능성은 당대의 어느 작가도 미치지 못하는 참신성과 선구성을 지니고 있다고 하겠다.

4
문예비평론

(1) 문학비평

　수산 김우진의 문예비평은 문학비평과 연극비평으로 나누어진다. 그 밖에 에세이류를 통해서 문예에 관한 자신의 견해를 밝혔다. 수산의 문예비평 활동은 대학 예과 시절부터 시작되어 그가 자살하기 직전까지 계속되었다. 문학비평은 이광수류의 이른바 계몽문학과 당시 한참 기세를 올리던 계급문학을 대상으로 삼았고, 연극비평은 서구 근대극 소개와 신극수립에 관한 방법의 모색이 대부분을 차지한다. 여기서는 그의 평문에 대한 객관적인 내용 소개와 그의 문예에 관한 기본적인 자세·의식·이념 등을 요약하는 데 치중하고자 한다.
　수산의 문학비평문으로는 「조선말 없는 조선문단에 일언함」(중외일보, 1922. 4. 4), 「이광수류의 문학을 매장하라」(조선지광, 1926), 「아관(我觀) 계급문학과 비평가」(1925. 4) 등이 본격적인

논문으로 남아 있다. 대학시절에 일본문으로 발표한 「애란의 시사」(愛蘭の詩史, 1924. 8, 眞砂), 「영문학사상에서 페리큔의 작자」(英文學史上に於けるFarie Queeneの作者), 「예술의 종교 ― 불레이크에 대한 고찰」(藝術の宗敎 ― ブレ-クに對する考察), 「언어의 특성 ― 그 상징성」(言語の特性 ― その象徵性) 등은 문학수학 도중에 씌어진 리포트들이다.

이러한 리포트를 통해서 우리는 그가 하이드(Douglas Hyde, 1860~1949), 예이츠(William Butler Yeats, 1865~1939), 스펜서(Edmund Spenser, 1552~1599), 블레이크(William Blake, 1757~1827)와 같은 시인들의 작품을 탐독했음을 알 수 있다. 그는 일찍이 시인이 되기를 희망하였고 또한 수편의 시를 남기고 있는데, 그의 시세계는 이상에서 언급한 서구의 시인들과도 무관하지 않다.

「조선말 없는 조선문단에 일언함」은 문학의 보편적인 이론을 전제로 1920년대 초기의 혼미한 문단풍토를 올바로 정립시키기 위한 방안을 모색한 글이다. 이 글은 후일 『5월회』에 다시 게재되었다. 수산은 언어의 일반적인 특성을 논하는 데서 이 글의 실마리를 풀어 나갔다. 사상이란 원래 개성의 표현인데 그것은 언어라는 매개를 취하며 언어가 문학의 형식을 취할 때, 그 문자가 일정한 심리적 계합(契合)으로 당자의 사상을 구체화시킬 수 있다고 하였다. 그렇기 때문에 당자의 언어가 독특한 의사의 표현을 갖추어야만 비로소 독특한 사상의 전달이 가능하다고 하면서, 언어의 능숙한 구사력을 강조하였다. 그리고 그는 언어의 재현력과 상징력에 관해 언급하면서 완전한 재현의 불가능성과 상징력의 중요성을 아울러 지적하였다.

사상이나 의사를 있는 대로 재현할 수 없음으로 우리는 이에 문자와 언어의 암시력, 즉 상징력을 이용하게 되었습니다. 자연주의의 유일한 사실적 문학이 쇠퇴하여지고, 상징주의·신고전주의가 일어나게 된 것도 필경은 이 문자의 암시력으로 하여금 사실하기에 어려운 개성의 감정과 사상을 방불하게 하고저 함에 원인이 된 것이외다. 다시 거듭 말하면 이 우주에는 다만 개성의 실재와 그 상징이 있을 뿐이요, 재현은 전무하외다.65)

수산의 이러한 지적은 때마침 이 땅에 사실주의 문예사조가 수용되어 힘차게 번져 나가던 시기에 이루어진 일이라 일면 그의 선구적인 위치를 가늠하게 한다. 그는 사실주의의 한계성을 언어 자체의 재현력의 한계에서 이미 간파하고 있었던 셈이고, 어떤 사상의 진실, 즉 리얼리티를 살리기 위해서는 리얼리즘만이 유일한 방법이라는 고정관념에 사로잡혀 있지 않았던 것이다.

그는 언어의 일반적인 특성을 살핀 후에 다시 언어의 문학적인 사용에 관해 언급하였다. 이 부분에서는 특별히 시어와 희곡의 언어를 들어 문학적인 언어의 특성을 살폈는데, 한편으로는 그 자신의 시작, 극작에 관한 대학시절의 수련의 모습을 엿보게 하는 부분이기도 하다. 먼저 그는 시어의 특징을 다음과 같이 지적하였다.

시가는 예술권에서 제일 음악에 가까운 것이요, 그럼으로 시가는 긴장한 상상력과 함께 음악적 요소, 즉 자국어에 독특한 운율

---

65) 『김우진 전집』 II, 「조선말 없는 조선문단에 일언함」, pp. 165-175.

이 반드시 있어야 할 것입니다.[66]

수산은 이상에서 지적한 '자국어의 독특한 운율'을 실증하기 위해 자신의 외국시 감상에 대한 체험을 피력하였는데, 여기서는 베를렌(Paul Verlaine, 1844~1896)·셸리(Percy Bysshe Shelley, 1792~1822)·시마자키 도송(島岐藤村, 1872~1943) 등의 시어가 고찰되었다. 1편의 훌륭한 시가 이루어지는 데 그 얼마나 힘겨운 시인의 노력이 경주되는가 혹은 그 민족적 전통이 되는가를 밝힘으로써 그는 시의 언어적 독자성을 확인하고 아울러 시의 번역에 따르는 위험성과 어려움도 지적하였다.

희곡의 언어에 대해서는 일상적 언어를 통한 예술적 전달을 강조하였다.

장소와 시간의 일정한 제한을 갖는 무대 상에서는 언어는 반드시 그 당시의 관중에게 직접하고 친자(親炙)한 예술적 전달을 하여야 할 것이외다. 극작가의 직접하고 친자한 의사 감정의 전달에는 그 주위의 일상 사용하는 언어의 순화 외에 다른 방책이 없습니다. 반드시 극적 대화에는 이만한 구속을 감수하는 것보다도 그 구속의 철쇄를 능히 예술적 천분으로 조종하여야 할 것입니다.[67]

그는 이상과 같은 희곡의 대사를 살피기 위해 호프만슈탈(Hugobvon Hofmannsthal, 1874~1929)·셰익스피어(Shakespeare, 1564~1616)·스윈번(Algernon Charles Swinburne, 1837~1909)·싱(John

---

66) 전게서, 상동.
67) 전게서, 상동.

Millington Synge, 1871~1909) 등의 작품 성향을 열거하였다. 셰익스피어의 위대성에 대해서는 "아름다운 현실적 대사 안에 시적 통찰과 상상을 건설함에 있고, 결코 시적 대사 안에 현실을 은닉한 연유는 아니"라고 하였다. 싱에 대해서는 그가 「계곡의 그늘」(In the shadow of the Glen, 1903)을 집필할 때 서민층의 언어를 알기 위해 노력한 일화를 들어 대사의 특성을 설명하기도 하였다.

수산은 이상과 같은 일반언어와 문학어의 특성을 전제로 하면서, 당대의 문학의 현실을 문제삼았다. "조선문단에는 조선말이 없다는 것을 열거하여 순정한 조선어의 부흥과 개량을 역설"하고자 하였다.

> 우리 문단에는 과연 '우리의 말'이 있는가 하는 기괴한 의문이 올라옴을 속이지 못하겠습니다. 나는 당장에 우리의 말이 없다고 판단하겠습니다. (중략) 오늘날 우리 글로 된 잡지나 신문을 떠든 이로서 유의한 이는 모두 이같은 낙담을 가졌을 것이외다. (중략) 오늘날 이같이 일개의 완전한 문전・사전이 없고, 어맥・문맥이 없고, 우리의 시가・운율이 없으면 그야말로 거택(居宅) 없는 부랑자가 호의호식으로만 지내랴 함과 같지요, 글 쓴다는 이들의 문필을 보면 자기 특허의 혼란어(jargon)는 고사하고 적어도 기천년의 문화를 가졌다는 청년들의 문장이 지리멸렬의 기괴한 독각(獨脚)이 춤을 추고 있으니 그래도 그이들의 눈에는 문화라는 동경(憧憬)의 비탑(碑塔)이 보이는지 의문이외다.68)

---

68) 전게서, 상동.

이같이 문단의 혼미와 무질서를 개탄한 그는 이상과 같은 현상을 극복하기 위한 몇 가지 기본적인 과제를 제기하였다. 첫째로는 문법의 제정과 사전의 제작을 지적하였는데, 특히 존슨(Samuel Johnson, 1709~1784)의 영어사전 편찬에 관한 일화를 소개하면서 우리의 경우에도 하루빨리 문법이 통일되어야 하고, 사전의 편찬이 이루어져야 함을 역설하였다. 둘째로는 구비전설·민요·동요의 수집을 지적하였는데, 그 목적은 그것을 기반으로 새로운 창작을 일으키기 위한 것이라 하였다. 그는 이러한 전승문화야말로 "우리의 순직한 본상"이라고 하면서 그 가치를 높이 인정하였다. 나아가서 그는 이러한 노력에 대한 실례로서 에이레의 하이드(Hyde)의 활약상을 소개하였다. 셋째로는 외국문학의 번역에 대하여 지적하였다. "창작과 함께 번역이 일국의 문단에 주는 효과는 모든 고색(固塞)하여 가던 정신을 분연(奮然)시키며, 언어의 사용법을 넓히고, 어풍과 문맥의 청신한 국면을 암시하여" 주는 것이므로 그 필요를 강조하였다. 넷째로는 신문과 잡지의 민중화를 지적하였다. 문화의 민중화를 하나의 이상으로 설정할 때, 우선 그 첫단계로 언론기능의 진정한 민중화가 필요함을 말하였다. 그리고 거기에 종사하는 사람들에게는 문화의 선도자가 되어 줄 것을 기대하였다. 수산은 이 글 전체를 통해서 당대의 문인들이 한국어에 대한 정확한 인식은 물론이고, 그것을 문학어로 사용하는 경우에 보다 철저한 창조적 적용을 이룩해 줄 것을 역설하였다. 그가 강조한 '문화의 민중화'는 오늘날과 같은 문화의 상업주의 및 지식주의 시대에 여전히 신선한 주장으로 들린다.

「이광수류의 문학을 매장하라」는 당시 춘원이 발표한 「중용과 철저」(동아일보, 1926. 1. 2~2)에 대한 반론으로 씌어진 글이나, 이를 통해서 상대적으로 수산의 문학관을 비교적 선명하게 파악할 수 있는 점에서 주목되는 평문이다. 「중용과 철저」를 통해서 춘원은 우주와 인생을 지배하는 근본 원리는 중용이라고 전제하고, 따라서 문학에 있어서도 '상적(常的)인 문학', '구원성(久遠性)을 가진 문학'은 사람의 일상생활, 만인에게 공통한 생활에서 나오는 희로애락을 제재로 한 문학이라고 하면서 열렬한 문학, 심각한 문학, 혁명적인 문학은 이단적이고 기형적인 문학이라고 규정하였다. 나아가서 춘원은 당대의 조선인은 중병을 앓고 난 허약한 사람과 같으므로 강렬한 자극을 주는 문학은 몸에 해로우며, '문학적으로 민기(民氣)를 보양'할 수 있는 '상적 문학, 정적(正的) 문학, 평범한 문학, 영문학적 문학'이 필요하다고 하였다.69)

이러한 춘원의 지론에 대해서 수산은 "오늘 새 인생관, 새 시대의식, 새 세계의 창조를 요구할 때 이광수류의 공중누각의 이상주의가 만연함을 방관할 수 없다"70)고 하면서 춘원의 논지를 신랄하게 비판하였다.

첫째로, 그는 춘원의 그릇된 시대인식을 비판하였다. "지금 우리 조선인은 중병 앓고 난 사람과 같다. 그는 육체적으로 허약하거니와 정신적으로 허약하다. (중략) 그에게는 모든 극약보다도 술보다고 가배차보다도 신선한 음식과 공기와 일광과 과

---

69) 이광수, 「중용과 철저」, 『이광수 전집』 16편, 삼중당, 1963, pp. 144-150 참조.
70) 『김우진 전집』 II, 「이광수류의 문학을 매장하라」, pp. 154-163.

격하지 아니한 동작이 필요하다."71) 이와 같은 춘원의 지적에 대해서 그는 인간의 육체와 시대를 동일시한 독단론을 배격하고, 아울러 시대정신을 생활의 일상성보다 경시한 춘원의 태도를 힐난하였다. 춘원은 괴테가 말한 '시대정신'(Zeitgeist)을 인용했음에도 그것이 영구성이 없다는 이유로 일상성에 대비해서 소홀하게 취급하였는데, 이러한 관념적이고 무책임한 인식 자체를 수산은 못마땅하게 여기면서, 당대의 삶이야말로 가장 시대정신이 절실한 시기임을 누누이 강조하려는 표현을 드러내었다. 새로운 시대의식이 절감되는 시기에 "행복된 가정생활(남녀의 애, 자녀에 대한 애), 종족적 애(愛)와 여기서 오는 기쁨과 희망과 또 이를 위하여 노력하는 활동과 그것이 불여의한 데서 오는 실망과 비극"72) 등과 같은 일상적인 생활을 문학의 영구성 있는 제재라고 태평스럽게 말하고 있던 춘원의 태도를 그는 용납할 수 없었던 것이다. 그는 이러한 태도를 신이상주의자(新理想主義者)의 망상이라고 규탄하였다.73)

수산은 춘원이 워즈워스(William Wordsworth, 1770~1850)와 테니슨(Alfred Tennyson, 1809~1892)을 가리켜 일상성을 통해서 문학적인 영구성을 획득한 대표적인 작가로 지목한 점에 대해서도 비판하였다. 테니슨은 자본주의 영국에서 빅토리아 여왕의 계관시인 노릇을 하였는데, 그를 즐겨하는 영국의 독자들이 중병 후의 조선인과 같을 수 있는지를 묻고, 워즈워스는 프랑스의

---

71) 이광수, 전게서, p. 150.
72) 전게서, pp. 147-148.
73) 『김우진 전집』 II, 「이광수류의 문학을 매장하라」, 상동.

혁명을 구경하러 직접 건너갔다가 와서는 오히려 그 혁명을 저주하고 안강(安康)하게 자연 속에 묻혀 살았는데, 과연 우리의 작가들이 워즈워스처럼 태평성대를 구가하면서 살 수 있는지를 지적하였다.

> 워즈워스의 범신론적 인생관과 테니슨의 기독교적 신앙이 중병 후인 조선인을 구제할 만한가 의문이다. 왜 그런고 하니 중병 후의 조선에 필요한 것은 '신선한 공기·일광·동작'이란대 범신론적 인생관과 기독교적 신앙이 그 대신 노릇을 할지가 모를 터이니까.74)

수산은 춘원이 춘추전국시대의 자사(子思)가 중용을 말한 것이나 로마의 시인 호라티우스(Quintus Flaccus Horatius, 65~8 B. C.)가 중용을 논한 것은 모두가 그 시대의 반영임에도, 뒤늦게 춘원이 중용 운운한 것이나 하필이면 이러한 절박한 시기에 중용을 논하는 것은 전반적으로 시대에 대한 작가적 인식이 그릇된 것으로 보았다.

둘째로, 그는 춘원의 예술가적 통찰력의 부족을 비판하였다. 춘원이 인용한 아놀드(Mathew Arnold, 1822~1949)와 같은 작가는 "인생의 비극이 극히 평범한 일상생활 뒤에 숨어 있다"고 보았는데, 어째서 이들과 기질이 서로 닮은 춘원은 문학을 상식적인 것으로, 한 개의 유희로, "시대를 적극적으로 움직이고 지도하는 새로운 사회의 폭탄이 못 되고, 화평한 가정에서 밥 먹으

---

74) 전게서, 상동.

면서 단정하게 꿇어앉아서 읽는 소한(消閑)거리로" 생각하는가 하고 규탄하였다.

    인생은 싸움이다. 자연과 싸움·계급과 싸움, 이것 없이는 인생이란 쇼가 말한 것 같이 '제일 심심하고 맛없는 천당'으로 화할 것이다. 이런 천당이 지금까지 과거 인류세계에 순식간이라도 실현했던 적이 있었는가. 있었은들 이광수의 이상주의적 문학이 소위 '영원한 진리와 가치'를 가졌을 것이다. 이광수의 인생에 대한 태도의 특색인 안이한 인도주의·평범한 계몽기적 이상주의·반동적인 예술상의 평범주의는 이러한 인생에 대한 통찰의 부족으로부터 나왔다. 더구나 그는 이러한 인생의 평범주의에 앉아서 오늘 조선문학도 그러한 평범문학이 되야 한다고 선전한다. 이 평범이란 그의 말 속에는 다만 한가한 가정의 한가한 소일거리가 될 만한 문학이라야 '영구불변한 가치를 갖는 예술가'가 될 수 있다는 주장이다.75)

  요컨대, 수산은 춘원의 이러한 안이한 자세를 꾸짖고 동시대의 삶에 기여될 수 있는 통찰력 있는 문학이 필요하다고 주장하였다.
  셋째로, 그는 춘원이 영구성이 있는 작가의 실례를 들기 위해서 인용한 워즈워스와 바이런(Byron, 1788~1824)에 대한 기본적인 인식이 잘못된 것이었음을 지적하였다. 워즈워스와 바이런의 문학적 창조성은 어디까지나 그 시대정신과 별개로 놓고는 이야기될 수 없는 것이고, 그들의 명성 또한 19세기 자본주

---

75) 전게서.

의의 영국 독자를 전제로 논의되어야 하는 것임에도 이러한 문제에 대한 사전의 면밀한 고찰도 없이, 그들의 문학을 아전인수격으로 재단하여 인용한 것은 독단이요 무식한 소치로 보았다. 워즈워스나 바이런을 수용한(혹은 낳은) 당시의 영국사회와 일제하의 민족적 현실이 같지 않은 다음에야 양자의 보편적 특성을 쉽사리 규정할 수는 없다고 생각하였다.

넷째로, 그는 춘원의 작가로서의 그릇된 태도를 지적하였다. "미적지근한 온정주의, 열과 힘이 없는 소강의 세계"에서 벗어나지 못하고 "발효가 없고 맹물과 같은 사랑·이상·평화 속에서" 헤어나지 못하며 "현실도 모르고 보지도 않으려면서 이상을 말하고 불철저한 무저항주의"를 내두른다고 하였다. 춘원은 문장의 조사(措辭), 화려만 배우려 들고 내용을 깊이 파고들어가려는 노력이 보이지 않는다 하였다.

　　조선이 지금 요구하는 것은 형식이 아니오, 미문이 아니오, 재화(才華)가 아니오, 백과사전이 아니오, 다만 내용, 거칠더라도 생명의 속을 파고 들어가려는 생명력, 우둔하더라도 힘과 발효에 쓰는 반발력, 넓은 벌판 위의 노래가 아니오. 한 곳 땅을 파면서 통곡하는 부르짖음이 필요하다.76)

이렇게 수산은 춘원의 태도를 비판하면서 진정으로 중병 후의 조선을 위해서 이상과 같은 이광수류의 문학은 근절되어야 한다고 강조하였다.

---

76) 전게서, 상동.

「아관 계급문학과 비평가」는 1925년 2월호 『개벽』지에 발표된 「계급문학 시비론」(김기진·김석송·김동인·박종화·박영희·염상섭·나도향·이광수 등이 집필하였다)에 대한 전체적인 비판의 성격을 띤 평문이다. 이를 통해서 수산의 문학관이 동시에 피력되었다. 이 평문은 ① 육체 없는 정신을 믿는 고답파, ② 회색문예작가, ③ 계급문학론자의 태도, ④ 계급의 인간생활, ⑤ 민중의 의식, ⑥ 이상주의 문예의 본체, ⑦ 필연성의 문예, ⑧ 비평가여 나오라 등의 소항목으로 나누어, 문학에 관련된 광범위한 문제들을 당대의 현실과 문단의 실정을 바탕으로 기술되었다.

　『개벽』에 발표된 다른 문인들의 글을 읽고 계급과 계급문학에 대한 기본적인 이해가 부족함을 알게 되었다고 전제한 그는 계급문학의 존립을 인정하지 않은 문인들은 물론 그것을 적극적으로 옹호한 사람들의 입론까지도 그 자각과 논리의 빈약을 들어 비판하였다.

　①에서 그는 계급문학을 부인하는 문인들을 '고답적인 태도'라고 규정하고, 경향이라든지 주의(主義)라든지 파(派)라든지 하는 것을 부정하는 작가들은 자기 삶이나 작품에 대한 신념이 투철하지 못한 것으로 보았다. "사람이 한번 현실적으로 이 시대·이 민족·이 토지·이 처지에 살아 있는 이상 어찌 경향이라든지 주의라든지 파에 속함 없이 살아갈 수 있으랴. 나는 그이들을 혼미자(昏迷者)라는 대명사 외에 할 말이 없다"고 하였다. 이른바 고답파 문인들은 "인생의 저류에 속한 문학"이니 "영원성을 가진 문학"이니 하면서 맹목적·본격적인 문학을 내

세우지만, 그것은 "실상인즉 현대생활 의식에는 눈뜨지 못하고 적은 기교와 과도기의 민중의 무식한 약점을 기만하여 꿈꾸듯 혼미상태에 있는 경지에 불과하다"고 비난하였다. 작가가 현실적 삶의 의식에 눈이 뜨이게 된다면 필연적으로 작가 나름의 대응책을 수립하게 마련이고, 그렇게 됨으로써 맹목적인 문학이 아닌 의식(意識)의 문학이 탄생하게 된다는 것이 그의 기본적인 생각이었다. 이러한 관점에서 그는 동인의 「감자」와 횡보의 「전화」, 춘원의 「무정」·「개척자」 등을 가리켜 의식부재의 스케치 혹은 값싼 눈물의 유혹에 지나지 않는 것으로 평가하였다.[77]

②에서는, "계급의 불가피한 존재와 이에 대한 문예의 제2차성을 시인하면서도 끝에 가서 계급만을 위해 싸우느냐, 전 인류의 생존을 위해 싸우느냐" 하면서 회의적으로 둘러앉은 사람들을 회색 문예작가라 하였다. 인류의 생활에는 계급 상호간의 투쟁이 불가피하게 대두되는 것이므로 이에 대한 물질적·정신적 투쟁(그는 특히 정신적 투쟁을 강조하였다)은 당연한 일인데도 의(義)를 두고 행치 않음은 '하우'(下愚)에 지나지 못하는 처사라 하였다.

③에서는, 계급에 대한 분명한 인식이 없이 타인의 이론을 도식적으로 수용하는 사람, 계급투쟁을 그렸으니까 계급문학이라고 덮어놓고 단정하는 논리, 자유·파괴·혁명 같은 용어를 유행적으로 남발하는 자세 등을 비판하였다. 오늘날 조선에는

---

[77] 『김우진 전집』 II, 「아관 계급문학과 비평가」, pp. 176-189.

"개념상의 자유·파괴·혁명·반항의 목소리는 들리나 현실을 직시한 구체적인 그것은 도무지 없다"고 하면서, 어느 시대에나 이러한 목소리는 있었으며 지배자들은 이러한 표어를 내세워 오히려 민중을 기만해 왔음을 상기해야 한다고 하였다. "특수한 지리적 경우와 특이한 정치적 처지에 앉은 우리니까 안한(安閑)하게" 자유·투쟁·혁명 등을 부르짖는다고 해서 계급문학이 되는 것은 아니라고 지적하였다. 그리하여 계급에 대한 진정한 깨달음은 현실에 대한 의식적 감촉(to get through the emotion and feeling with consciousness)으로 이루어지고 실행될 수 있다고 하면서 지주와 소작인의 대립을 예로 들기도 하였다. 그는 박영희의 「전투」와 김기진의 「붉은 쥐」에 관해 이 작품들이 계급에 대한 개념적 이해에서 벗어나지 못하였을 뿐 아니라 기교와 형식도 갖추어지지 못하였음을 지적하고, 계급문학을 부인하는 작가 중에 오히려 가작이 많음을 상기시켰다.

④에서 그는 인간의 사회생활 자체가 계급적 생활의 역사로 점철되어 왔으며, 인간이 정치적 동물이라는 것은 곧 계급적 동물이라는 개념으로도 대치된다고 하였다. 인간의 현실생활은 항시 "미와 추·명과 암·선과 악·정의와 부정·자유와 속박·피와 차·타와 아"와 같은 대립으로 이루어지며, 이러한 삶의 본상(本相)에서 계급이 생긴다고 보았다. 특히 오늘의 계급대립은 근대산업문명이 주는 것이고, 앞으로도 이러한 계급의 대두와 그에 대한 싸움은 변증법적으로 전개되어 갈 것이나 결코 인류역사에서 대립이 없어지리라고 믿는 것은 망상이라고 생각하였다. 이런 관점에서 그는 사회주의자들이 원시 공산

제도하에서와 같이 장래에도 계급투쟁이 없어지리라고 선전하는 근거를 반박하였고, 무정부주의자들의 주장을 몽상주의라고 꾸짖었다.

개인의 생의 역(力)은 영원하다. 그러나 사회의 법칙은 한번 있게 되면 그대로 존속하여 가려고 한다. 여기에서 개인과 사회의 충돌은 필연적으로 일어난다. 우리는 사회주의니 사해동포니 민주주의니 하지만 거기에서 개인의 사회에 대한 반항을 보아야 한다. 한 보 더 나아가서 같은 경우에 있는 개인의 수량적 집단 중에서 개인의 ─ 민중이라는 ─ 큰 개인을 볼 수 있다. 이 점에서 개인과 민중은 일체고 불가리(不可離)한 동체다. 이 원리 때문에 천재나 위인이나 선구자들은 민중의 대언자가 된다.78)

이처럼 수산의 계급과 계급문학에 대한 인식은 당대의 도식적이고 획일적인 주입식 이론에서 훨씬 벗어나 그 나름의 원리와 체계를 갖추고 있는 점에서 주목된다.

⑤에서는, "시대와 시대를 따라서 계급의 처지와 내용이 변천해질 뿐이라면, 사람은 이 계급을 불관(不關)하고 살아가지 못한다"고 전제하고, 어떠한 속박과 고통 속에서도 좌절하지 말고 생활과 운명을 다시 일으켜야 한다고 역설하였다. "생활이 없이, 운명이 없이 인생이 무엇이며 이상이 무엇이며 평화와 애와 도덕이 다 무엇이냐"고 반문하였다. 우리들 각자가 자신의 생에 눈을 뜰 때 시대의식이 나타난다고 하면서 시대의식이 "민중 자신 속에서 살아날 때 이에 대항할 아무것도 천지에

---

78) 전게서, 상동.

없다"고 민중의 의식을 중시하였다.

⑥에서는, 이상주의적 문인의 정체를 현실적 삶으로부터 도주하여 피안의 세계에 안주하는 인간으로 규정하고, "탈속과 명상과 직각(直覺)으로 인간의 영원성을 얻을 수 있다"고 믿으며, "인간생활의 모든 피나는 대립과 불완전을 초월하려고 한다"고 하였다. 그런데 이러한 문인들에게는 삶에서 오는 대립과 차별성과 상대성과 같은 필연성이 결여되어 있으므로 진실을 느낄 수 없다는 것이다. 인류의 정신적 생활과 물질적 생활은 시대와 장소에 따라, 순간에 따라서 예술가에게는 각기 다른 내적 가치로 화하는 '상대적인 것'임에도 '영원성'이라는 막연한 개념만으로써는 진실을 드러낼 수 없는 것으로 판단하였다.

⑦에서는, 인간의 삶 앞에는 현실의 세계가 있고 인식의 대상이 있으며 대립을 통한 행동이 있으므로, 이러한 삶 가운데서 필연적인 예술이 발생한다고 하였다. 그리하여 "필연성에 입각한 예술은 오로지 자아의 완전한 의식과 노력을 요구한다. 또 자아와 비아(非我)의 관계를 인식하며 따라서 그 관계상태의 완전함을 실현코자 한다. 이곳에서 생명의 연소(燃燒)로서의 예술품의 가치가 있다"고 하였다. 그는 이런 필연적 문학이라는 관점에서 루소(Rousseau, 1712~1778)의 작품에 대해서도 언급하였다.

끝으로 ⑧에서는, "비평가 없는 사회는 책임이 없는 사회, 책임이 없는 사회는 불쌍한 사회, 망하는 사회"라 하면서, 오늘날처럼 조선에 비평가가 필요한 시기는 없다고 강조했다. 이어서 그는 시대의식과 양심을 지닌 진실한 비평가야말로 민중의 대변자이며 프롬프터 역할을 할 수 있다고 하고, 아울러 그 시대 민중의 '생의 힘'이 비평가로 하여금 프로메테우스 같은 능력을 발휘하게 한다고 보았다. 새로운 원리와 가치의 창조, 능률적인 싸움의 지도자를 갖기 위한 비평가의 출현을 절규하였다.79)

이상에서 살펴본 바와 같이 수산의 이 평문은 앞서 살펴본 「이광수류의 문학을 매장하라」와 함께 그의 문예관을 나타낸 대표적인 글월일 뿐 아니라 당대 문단의 현실 속에서 선구적인 참신성을 갖춘 이론이었다는 점에서 값지게 평가된다.

(2) 연극비평

수산이 쓴 본격적인 연극비평문으로는 「소위 근대극에 대하야」(학지광, 1921. 6), 「인간과 초인 — 그 철학의 비평적 연구」(Man and Superman — a Critical Study of its Philosophy, 와세다대학 졸업논문, 1924), 「창작을 권합네다」(5월회, 1925. 9), 「구미 현대극작가론」(시대일보, 1926. 1~), 「자유극장 이야기」(개벽, 1926. 5), 『우리 신극운동의 첫길』(홍해성과 공동집필, 조선일보, 1926. 5~), 「동경 축지소극장에서 〈인조인간〉을 보고」(개벽, 1928. 8), 「사옹(沙翁)의 생활」(5월회) 등이 있다. 이 밖에도 그가 대학시절에 쓴 리포트로 「애란인으로서의 버나드 쇼」(愛蘭人としてのバアナ-ドショウ)·「관객의 역사」(スベクテタの 歷史)·「맥베드가 본 유령과 햄릿이 본 유령」(マクベスの見たる幽靈とハムレツトの見たる

---

79) 전게서, 상동.

幽靈)·「셰익스피어의 생애」(シエクスビアの生涯) 등이 있는데, 이를 통해서 그가 쇼·셰익스피어·연극의 관중에 대하여 관심을 기울이고 있었음을 알 수 있다. 여기서는 그의 본격적인 평문 몇 가지만을 검토해 보기로 한다.

「소위 근대극에 대하야」는 연극사적인 입장에서 당시 서양의 근대극이 지니고 있던 제반 성격을 소개한 글이다. 한국의 입장에서는 일본 유학생들을 통해 비로소 근대극(新劇이라고 불렀다)이 처음 소개되던 시기에 씌어진 평문의 하나이기에 오늘의 우리로서는 중시된다. 수산은 이 글을 통해서 근대극에 관련된 몇 가지 문제에 대해 언급하였다.

첫째로 모든 문화가 진보되고 복잡해져 가는 현대에 연극은 인류 영혼의 해방과 구제에 원칙을 두어야 한다고 하였다. 옛부터 많은 예술가들이 줄곧 이와 같은 원칙에서 벗어나지 않으며 또한 미래를 위해서도 필요한 일임을 강조하였다. 입센(Ibsen, 1828~1906)이 작품을 통해 사회를 비평한 정신도 결국 영혼의 해방과 구제에 있다고 하였다.

둘째로 비속한 민중을 자각시켜야 한다고 하였다. 인습과 전통의 노예가 된 무지한 속중들은 문화생활과 가치탐구의 대적이며, 그들이 비록 다수라고 해서 새로운 문화의 창조를 희생시킬 수 없다 하였다.

　　기성적 개념과 전래적으로 타락한 정렬과 충동에 구사된 그 속중은 영혼을 깎아내이는 것 같은 경험과 자유롭게 소박하게 또 원시적 충동으로부터 나오는 도덕적 심미적 생활의 활동에 무기력하다. 우리들은 이러한 안일을 탐하고 타락의 몽(夢)에 취한 속중을 구축(驅逐)하며 정복 아니하면 의미없는 생활이다. 아무리 다수한 속중일지라도 귀중한 인류의 영혼의 창조를 희생할 수 없다. 모든 문화사는 영웅천재의 속중에 대한 승리자의 기록에 불과하다.80)

셋째로 연극의 사회적 사명과 목적을 예술적으로 성취시킬 작가·연출가·번역가·무대예술인 등과 같은 전문가의 역할에 대해 언급하였다. 그는 서구의 근대극운동에 크게 기여한 라인하르트(Max Reinhardt, 1873~1943)와 일본 신극운동의 선구자 오사나이 가오루(小山內薰, 1881~1928)의 업적을 소개하면서 결국 탁월한 예술가에 의해서만이 새로운 연극운동이 가능함을 지적했다.

근대극은 결국은 인류의 영혼의 해방, 구제를 사명으로 하여 교련있고 수완있는 예술적 지배자의 극적 표현을 중심으로 하여, 또 사회적 민중의 교화와 오락을 목적으로 하여 인류의 공동생활에 공헌하는 데 그 의미의 전적 존재를 인정할 수 있다.81)

그는 이렇게 근대극을 정의하고, '극을 인생의 진(眞)활동'으로 여기면서 진지하고 성실한 자세로 연극을 내다보았다.
「창작을 권합네다」는 1925년 5월에 발족된 목포의 문학동인회 5월(Société Mai) 회원들에게 창작생활을 권유하기 위해 씌어진 글이나 실제로는 이 글을 통해서 수산의 창작에 대한 의지와 이론을 알 수 있다. 이 글은 세 단락으로 구성되어 있는데,

---

80) 『김우진 전집』 II, 「소위 근대극에 대하야」, pp. 115-119.
81) 전게서.

먼저 독일의 표현주의에 관해 언급한 후, 당시 우리 문단의 실정을 논하고 끝으로 그 자신이 생각했던 창작의 주제들을 피력하였다.

그가 표현주의에 관한 화제를 택한 것은 그에 대한 개념이나 예술적인 특성을 소개하기 위한 목적이 아니라 당시의 한국 문단과 대비해 보기 위함이었다. 즉 독일 표현주의의 싹은 전 전부터 보였으나 본격적으로 활성화되기로는 전후에야 가능하였다. 이것은 무엇을 의미하는가. 독일사람들은 전쟁의 비참과 신고와 초조와 고민 속에서 그것을 기피하거나 불성실하게 지나치지 않고 생명을 다하여 진실을 통찰하고 사색하고 느껴왔기 때문에 표현주의와 같은 새로운 예술을 이룩할 수 있었다고 하였다. "제국주의·자본주의·살육·철퇴·기아·개인과 사회·민중과 압박자의 딜레마, 거기에서 인하야 나오는 모든 쓰림과 아픔을 맛보는 독일인에게 만일 힘이 없었다면, 생각이 없었다면 표현주의 희곡이 생겨날 수 없었을 것"이라 하였다. 그런데 역시 미증유의 시련을 겪고 있는 조선의 문단에서는 지금 어떤 현상이 일고 있느냐고 그는 질문하였다. 독일의 작가들과 같이 자신들의 삶으로부터 새로운 문예를 일으키는 것이 아니라, 일본의 문예를 모방하기에 급급하며, 그럼으로써 "천박·부화하고, 불철저한 피상적·향락적 사상과 문예"밖에는 나오지 않는다고 하였다.

우리는 이제 정신을 좀 채리고 지금까지의 피상적, 부박하고 허영적인 모든 생활을 버리고, 철저하게 자기에 충실하게, 그리해서 우리의 주의의 모든 사물을 직시합시다. 지금까지의 유희적 기분에서 벗어나고 전투적으로 생명을 도(賭)하야 참된 창작에 전심을 씁시다. 남의 헛소리에 귀 기울이지 마시요.[82]

　요컨대, 우리의 창작은 우리의 생활에 직접 관계가 있는 예술이어야 한다고 강조하였다.
　이어서 수산은 자신이 생각하는 작품의 주제를 네 가지 범주로 나누어 언급하였다. 첫째로는 계급에 눈뜰 필요가 긴박하다고 하였다. 여기서 말하는 계급은 사회주의자들이 말하는 경제적 계급뿐만 아니라 "정치적·민족적, 그보다 더 철저하게 소위 선악이라는 사회 중의 어떤 지위에 있는 이들의 계급, 지식계급과 무식계급"을 총망라한다고 하였다. 우리의 사회생활은 계급 아닌 것이 없으므로 이러한 현실을 자각하고 그것으로부터 벗어나려는 노력의 일환으로서 창작이 이루어져야 한다고 하였다. 둘째로는 동방예의지국이라는 고정관념 속에서 생명이 없어진 공허한 윤리적 고담을 되풀이하면서 살아온 것을 반성하고, 생활을 변혁시키고 새길을 인도해 주는 윤리의 통찰을 위한 창작이 이루어져야 한다고 하였다. 셋째로는 연애·결혼·모성과 같은 여성의 경제적 사회적 문제를 다루어야 한다고 보았다. 넷째로는 인생철학·생명·죽음·신·이상 등과 같은 테마들을 다루어야 하는데, 이상과 같은 이념적인 문제들은 절대적인 개념이 아니라 사회생활 속에서 상대적으로 나타나는 것이라 하였다. 그는 마지막으로 "자유롭게, 철저하게, 땀흘리는" 창작을 강조하면서 글을 끝맺었다.

---

82) 『김우진 전집』 II, 「창작을 권합네다」, pp. 110-114.

「구미 현대극작가론」에서는 영국의 밀른(Alan Alaxander Milne, 1882~1956)・이탈리아의 피란델로(Luigi Pirandello, 1867~1936)・체코슬로바키아의 차페크(Kardel Čapek, 1890~1938)・미국의 오닐(Eugene O'Neill, 1888~1953) 등의 생애와 작품, 그의 연극사적인 의의를 소개하였다.

밀른에서는 그의 대표작이라고 할 수 있는 「핌씨의 통행」(Mr. Pim Passes By, 1919)과 「도버 도로」(The Dover Road, 1921)의 내용을 자세하게 소개하면서 아울러 작가에 대한 평가를 곁들였다. "이의 극은 경쾌한 대신에 경솔하고 유머가 있는 대신에 천박하고 환상과 웃음이 있는 대신에 너무나 아동극답게 된 결함이 있다"고 하면서[83] 밀른의 극은 전쟁 중의 신경과민한 민중들에게 한 잔의 소다수나 유희 기분에 지나지 못한다고 하였다. 수산은 이러한 연극 역시 시대의 분위기를 반영하는 것으로 보았으며, 밀른의 작가적 생명은 장구하지 못할 것으로 예견하였다.

피란델로의 작품으로는 「작자를 찾는 6인의 등장인물」(Six Characters in Search of an Author, 1921)・「헨리 4세」(Henry Ⅳ, 1922)・「그렇지! 그렇게 생각하면」(Right You Are — If You Think You Are, 1917)・「다 제멋대로」(Each in His Own Way, 1924)・「정직의 쾌락」(The Pleasure of Honesty, 1917)・「나체」(Naked ; To Clothe the Naked, 1922) 등을 소개하였다.

---

83) 『김우진 전집』 II, 「구미 현대극작가론」, pp. 15-75.

진리란 것은 결코 존재할 수 없다. 오늘 이때 나의 진리가 타인에게도 진리가 못되거든 하물며 타처타시대이랴. 진리처럼 보이는 모든 것은 환상에 불과하다. 이 각기 고집하는 진리 때문에, 즉 양심의 다양다모 때문에 쟁투가 일어나고 인생이 생기고 극이 생긴다. (중략) 그의 특색은 아이러니컬한 시추에이션을 보는 데에서 나타난다. 인간성의 윤리적, 혹은 정신적 행동 안에 외면으로는 희극이면서도 내면으로는 비극적인 것을 발견한다.[84]

이상은 수산이 지적한 피란델로의 작가적 관점의 일부이다. 인간의 양심과 진리에 대한 상대적인 인식, 갈등으로서의 드라마, 삶의 아이러니를 통한 극적 리얼리티의 발견 등을 그의 연극론의 바탕으로 파악하였으며, 이러한 관점을 기초로 앞서 열거한 작품들을 검토해 나갔다.

먼저「작자를 찾는 6인의 등장인물」에 관해서, 종래의 극에서는 꿈도 꿀 수 없었던 새로운 기교라고 하면서 극적인 환상이 사실처럼 보이고 사실이 오히려 거짓으로 보이는 아이러니컬한 상황을 이룩한 창의성을 높이 샀다. 피란델로는 자신이 설정한 인물에 대해서 주관적으로 개입함이 없이 주인공 자신의 환경과 성격과 욕망대로 행동하게 함으로써 독립적 독보적인 삶을 표현해 내고 있으며, 이러한 삶의 현실과의 관계에서 극적인 상황과 극적인 진실을 이룩하게 하는 하나의 원리라고 지적하였다. 이와 같은 방법은「헨리 4세」에서도, 역사적 환상 안에 사는 헨리 4세의 생활이 현실이 되고, 왕을 광인이라고

---

84) 전게서, 상동.

진단하는 주위의 사람들이 환상이 되게 함으로써, 여전히 지속되었다고 보았다. 두 작품이 모두 실제 무대와 가공적 인물의 혼연한 혼효를 만들어 거기서 일어나는 극적 시추에이션으로 인해 환상이 현실이 되고 현실이 환상이 되는 기묘한 분위기를 이룩하였다고 지적했다.

「그렇지! 그렇게 생각하면」에 대해서는 사람마다 제각기 옳다고 생각하는 진리를 가지고 살아가는데, 그 진리야말로 그 사람만의 환상과 같은 것임을 표현한 우화극이라 하였다. 사람들은 누구나가 자신의 환상을 고수하면서, 환상이 깨어지지 않도록 자신을 변호하면서 살아간다. 진리라는 환상이 없으면 행복도 가능하지 않다. 그러나 작가는 그러한 진리의 환상과 진정한 진리의 개념 사이에서 관중들로 하여금 삶의 본질을 생각하게 만든다고 지적했다. 그리고 이 극의 특징은 대화와 동작의 신속과 민첩에 있다고 하였다. 수산은 나머지 작품인 「제멋대로」·「정직의 쾌락」·「나체」에 관해서도 앞서의 작품과 같이 스토리·플롯·기법·주제 등을 간략히 소개하였다.

차페크의 작품으로는 「인조인간」(Rossum's Universal Robot, 1921)·「벌레의 생활」(From the Insect World, 1922)·「지극」(至極) 등이 소개되었다. 「인조인간」에 관해서는 근대 산업사회에서 인간이 겪는 문명적 비극, 특히 기계가 가져오는 위기의식을 결부시키면서 작품의 내용을 상론하였다. 이 작품이야말로 "현대의 경제생활 과학과 물질만능의 악취 분위기에 대한 작가의 통렬한 저주, 악매(惡罵)"라 하면서, 그러나 이 작품을 설득력 있게 해주는 것은 멜로드라마식의 풍자적 수법이라 하였다. 「벌레의 생활」에서는 사생활을 향락하는 데만 치중하는 이기주의와 국가의식의 부재를 비판한 작품이라 하면서 신흥 체코 민족의 창조적인 정신이 훌륭하게 반영된 교훈적인 연극이라 하였다.

오닐의 작품으로는 「지평선 너머」(Beyond the Horizon, 1920), 「안나 크리스티」(Anna Christie, 1921)·「느릅나무 밑의 욕망」(Desire under the Elms, 1924)·「털원숭이」(The Hairy Ape, 1922) 등을 소개하였다. 수산은 오닐의 생애와 이들 작품에 대한 내용을 자세히 소개하면서도 그가 결코 입센이나 스트린드베리, 쇼와 같은 독창성이 있는 작가라 보기는 어렵다고 하였다. 미국인들의 처지와 환경에 맞는 대표적인 작가라는 데에는 이견이 있을 수 없으나 상기 유럽의 작가와 같은 창조성은 희박하다고 하였다.

> 초기에는 통속미를 엿보는 이가 항상 취하는 멜로드라마의 경향으로 써보았고, 1915년에는 성경에서 따온 것도 썼고, 「지평선 너머 저쪽」부터서는 서정미에 찬 사실적 작품도 썼고, 또 그것에 간과 못하야 표현주의적 작품도 써 보았고, 이제 와서는 다시 가극(假劇, 즉 가면극―필자)까지 쓰게 되었다. 이만큼 그이는 다면적 작가이다. 또 동시에 어느 것에도 철저치 못한 작품을 썼다. 표현주의 극에 멜로드라마가 섞이고, 자연주의 극에 멜로드라마가 양념거리로 들어온다.[85]

이상에서 살펴본 바와 같이 수산의 「구미 현대극작가론」은 본격적인 작가연구나 비평이라기보다는 하나의 계몽적인 소개문에 불과하다. 그러나 역사적인 측면에서는 구미 극작가에 대한

---

85) 전게서, 상동.

최초의 폭넓은 수용이었다는 점에서 그 의의가 높다고 하겠다.

「자유극장 이야기」에서는 앙뜨완느(A. Antoine)의 자유극장(Theatre Libre) 창설과 그 활동상, 연극사적인 업적 등에 관해서 자세히 소개를 하고 있다. 아울러 자유극장과 같은 운동이 전 구주에 전파되어 독일의 자유무대와 신민중무대, 영국의 독립극장과 무대협회, 러시아 스타니슬랍스키(C. Stanislavsky)의 모스코 예술극장 운동 등으로 발전되어 사실주의와 자연주의를 정립시키는 계기를 마련하였음을 밝혔다. 본론의 서두에서 수산은 지금까지 한국의 신극운동이 효과가 없었음을 지적하고 예술에 대한 아무런 양심이나 개성적인 방법론, 주체의식도 없이 일본식 신파연극을 그대로 수용 공연해 왔음을 비판하는 한편, 앞으로 자유극장과 같은 새로운 연극운동이 절실하게 요청됨을 말하였다.

오늘 조선서 신극운동 일으키기에 상조(尙早)를 말하고 그 이유로 경제적·사회적·관헌정책상으로 반박하는 이가 있다. (중략) 신극단을 일으켜 경제적·사회적으로 실패해 가지고 3, 4년 아니라 3, 4개월에 고만둔다 하더라도 극운동상에 공적이 없다고 하는 것은 근본부터 틀린 수작이다. 왜 그런고 하니 극운동이란 경영상에서는 경제적이라 할지언정 극운동상에서는 개혁이고 창작이기 때문이다. 이 뜻은, 즉 힘 있고 빛 있는 새 역사를 꾸며내자 하는 말이다.[86]

그는 앙뜨완느를 입센과 같은 근대극의 개척자로 추앙하였

---

[86] 『김우진 전집』 II, 「자유극장 이야기」, pp. 76-86.

다. "입센이 작업으로 신극을 제창할 때 그이는 그것을 새로운 맛으로 요리하고 또 새 작가를 산출하였다"고 지적했다. "그이는 어떤 주의(主義)의 창출자는 아니었지만 주의의 충실한 실현자·촉진자·산모이었던 점으로 보아서 입센과 자리를 좌우로 해야 할 줄 믿는다"고 하였다. 끝으로 그는 자유극장이 이룩한 연극의 미학을 다른 전문가들의 의견을 종합해서 소개하였다.

운동이 인생을 공급하는 희곡 대신에 인생이 운동을 공급하는 희곡에 왔다. 복잡한 플롯이 없어지고 단순한 이야기가 왔다. 기계의 희곡이 없어지고 진실의 희곡이 왔다. 등장인물의 성격이 자연이 되고 따라서 (로맨틱하지 아니한) 고전적이 되었다. 비극과 희극이 예전 모양으로 뒤범벅이 되지 아니하고 시대란 것이 분명하게 되어 왔다. 기다랗고 변하기만 좋아하던 희곡 대신에 짧고 정치하고 신속한 희곡이 왔다. (중략) 사실만이 그 극의 철리를 설명할 수 있다. 언제든지 단순하게 동정만 얻고 인기만 끌던 등장인물의 성격도 고만 쫓겨났다. 작가는 다만 그 희곡의 윤리성만 위해서 인생의 심오한 밑으로 흘러들어간다. 만일 그 윤리성이 부도덕이 되더라도 상관없다. 그것이 인생이니까. 극장은 오락물이 되어서는 안 되고 인생의 이미지가 되어야 한다.[87]

이 논문의 끝에서 수산은 자신의 글이 베레트 클라크(Barrett H. Clark)의 기술에 의존하였음을 밝혔다.
수산이 홍해성과 공동 집필한 「우리 신극운동의 첫길」은 두 집필자들의 근대극에 대한 전문적인 지식수준이나 당시의 근대

---

87) 전게서, 상동.

극운동에 대한 시대적인 필요성에 비추어 볼 때 매우 주목되는 글이다. 「자유극장 이야기」가 서구의 근대극운동에 대한 하나의 구체적인 사례 소개라면, 이번에는 한국에서의 구체적인 근대극 운동 전개 방안을 모색하였다고 볼 수 있다. 이 글은 ① 신극에 대한 정열의 일반화, ② 외국극과 창작극, ③ 무대예술가의 양성, ④ 소극장식과 회원제 등의 소항목으로 나누어 기술되었다.

①에서는 주로 신극(근대극)과 관중의 관계가 언급되었다. 극장과 작가와 관중은 연극이 갖추어야 할 기본적인 요소인데, 신극운동에서 우선 문제되는 것이 관중이라는 서두를 열고 나서, 서양의 근대극이 어떻게 관중의 기반 위에서 성장할 수 있었는가를 사적으로 추적하였다. 그리고 한국의 관중에 대해서 논하였다.

오늘 관극하는 또는 극에 대해서 흥미를 느끼는 이들은 그 대부분이 기생 연주회나 신파극이나 남사당패 노름이나 또는 창루(唱樓)에 가는 호남자들·한량군들·외입장이들·호사기분으로 행동하는 소위 향락주의자들, 이러한 이와 동일 레벨에서 일보도 더 나가지 못하는 군중들이다. (중략) 이런 관객과는 우리는 연이 멀다는 각오가 아니면 신극운동자의 첫발길부터 틀려 먹는 수작이다. 연극은 술이나 화류장이나, 창녀가 아니다. '극장은 사회의 학교'라는 말이 있다. (중략) 무대가 생기고 극장이 열리고 무대예술가가 나오고 위대한 작가와 장대한 인생이 생기기 전에 같이 일하는 데 한 분자된 관중의 양성이 시작되지 않는 동안 시기상조의 실패는 명약관화한 일이다.[88]

---

88) 『김우진 전집』 II, 「우리 신극운동의 첫길」, pp. 87-99.

수산은 관객의 양성을 위한 구체적인 대책으로 신문, 잡지 기타 간행물에서 근대극에 관한 기사를 계속 게재하는 일, 각 전문학교 안에 있는 연극연구회와 손잡고 강연회·전람회·시연회 같은 행사를 자주 개회하는 일, 언론기관에 연극전문 기자를 두는 일, 연극전문지를 내는 일 등을 제시하였다.
　②에서는 번역극과 창작극과의 관계를 논하였는데, 모든 새로운 문화나 사상이 과거의 것에 대한 온당한 비판이나 반동에서 발생되었음을 전제하고, 창작극의 실현을 위해 우선 외국 선진 극단의 근대극을 수입해야 한다고 주장했다.

　　오늘 조선, 이때껏 참뜻으로 극장과 무대와 연출가와 희곡이 전무했던 이 황무지 벌판에서 다른 곳으로부터 수입해 오는 새 종자가 아니면 무엇으로써 신극운동을 일으킬까? 부단한 새 생명의 창조에 있어서는 모방이니 복사니 수입이니가 단순한 모방 복사 수입에 그치지 아니할 것이다. 일본서는 메이지 40년 전후 신극운동이　시마무라(島村抱月)·쓰보우치(坪內逍遙)·오사나이(小山內薰)들의 손에서 일어났다. 그러면 그이들은 재래의 극적 전통이 없어서 서양극의 복사를 하게 된 것인가? 또는 그것에 불만을 가지고 반항한 것인가? 우리는 그이들의 신극운동이 단순한 복사나 반항이 아니었음을 역사상으로 본다.[89]

　어디까지나 창조를 위한 반항이요, 새로운 것을 만들기 위한 모방·복사·수입이어야 한다는 논지를 폈다. 또한 근대극의 수용에 있어서는 그에 따르는 많은 소개자·번역가·비평가가

---

89) 전게서, 상동.

양성되어야 함을 역설하였다.

③에서, 무대예술가가 될 사람은 우선 두 가지 자질을 갖추어야 하는데, 하나는 가난과 신고를 견디며 일평생의 전업으로 예술에 헌신할 기백을 지녀야 하며, 다른 하나는 성실 순직한 인격을 쌓아야 한다고 하였다. 수산은 최근의 연극경향이 배우 중심의 연극으로부터 연출가 중심의 연극으로 바뀌어 가고 있음을 지적하고, 이러한 추세에 대비하기 위해서는 전문(專門)과 분화(分化)를 담당할 무대예술가의 양성이 시급함을 말했다. 그는 그 구체적인 방안으로 각 전문학교나 대학에서 연극강좌의 개설, 전문서적의 도서관 비치, 연구회 조직, 기성극단의 무대예술을 추종하지 말 것, 시연형식의 연습공연, 중국이나 일본 극장의 순회견문, 여배우의 양성 등을 제시했다. 그리고 이러한 전문인이 나오는 것을 토대로 '철저한 신극단체'가 조직되어야 함을 지적했다. 여기서 우리는 1930년대 초에 발족된 '극예술연구회' 같은 단체가 결코 우연한 모임이 아니었음을 알 수 있다. 그보다 앞서 수산이나 홍해성(그는 나중에 '극연'회원이 되었다) 같은 연극인들의 이상과 같은 선각적 깨우침이 하나의 도화선, 지침 역할을 해주었음을 알 수 있다.

④에서는 소극장 공연과 회원제에 대한 방안을 제시했다. 우리에게 시급한 일은 극장을 먼저 세우는 일이 아니라 인재를 양성하는 일이고, 그 인재들이 새 일을 목표로 작은 일부터 착수해야 한다고 하였다. 그 작은 일이란 공회당이나 야외의 가옥 같은 것을 이용해서 신극운동의 종자를 뿌리는 것이다. 그리고 자기 단체의 성격에 맞는 회원을 구성해야 한다. 설령 한

사람의 동지라도 근대극을 이해하는 동지를 위해서 공연이 이루어져야 한다. "이 소수의 동지를 위해 연출할 것은 얼른 생각하면 일반민중을 무시하거나 배타적 행동으로 뵈일 터이지만 신극운동의 봉화를 든 이로서는 맨 처음으로 밟을 길이 이것 외에 없는 줄 안다"고 하였다.

그는 이러한 소극장운동과 회원제의 선진적인 사례를 제시하기 위해서 프랑스의 자유극장, 독일의 자유무대·자유민중무대·신자유민중무대, 영국의 독립극장·무대협회·쿠트극장, 일본의 자유극장과 문예협회, 미국의 소극장·무형극장·시립극장·대학극장 등의 실험적인 연극운동을 자상하게 소개하였다.

끝으로 수산의 대학 졸업논문으로 집필된「인간과 초인」은 그가 영문학과를 수학하고 있을 때 쇼에 깊이 경도되었던 결과로 나타났다. 이 논문 이외에도 그의 쇼에 대한 사숙과 영향관계는 여러 다른 글에서 보이지만, 이 논문이 가장 본격적인 것이라 할 만하다. 쇼의 초인사상이 당시의 그에게는 누구의 사상보다 심각한 자극과 깨우침을 가져다주었고 마침내 자신도 그러한 사상을 행동화, 실천화하려 했던 것이다. 그는 인생에 눈을 뜨고 난 뒤 짧은 생애를 마칠 때까지 줄곧 생명력을 찾으려고 노력하였고, 말년의 출가, 심지어는 자살까지도 모두가 그의 생명력의 철학과 깊은 연관이 있음을 알 수 있다. 말하자면 이 논문에서 취급된 쇼의 사상은 수산에게 하나의 객관적인 지식으로 머무르지 않고 그 자신의 생의 방향을 바꾸는 데까지 절대적인 영향을 끼쳤다고 할 수 있다.

(3) 에세이류

　수산 김우진은 1919년 12월에 「타씨찬장」(陀氏讚章)을 썼다. 이 글을 통해서 그는 3·1운동 이후의 격동하는 시대 속에서 시대정신을 이끌 만한 훌륭한 시인이 되고 싶은 열망을 피력하였다. 제목에서 '타씨'는 이탈리아의 시인 다눈치오(D'Annunzio, 1863~1938)를 가리킨다. 그는 18세 때부터 시를 쓰기 시작하면서 유럽 시인들의 작품을 두루 섭렵하였고, 그들 중에 다눈치오는 물론, 스펜서(Spenser, 1552~1599), 블레이크(Blake, 1757~1827), 예이츠(Yeats, 1865~!939) 등의 이름이 보인다. 다눈치오에 대해서는 특히 경도되었던 것으로 보이는데, 그는 「타씨찬장」이외에도 「영웅」이라는 제목으로 번역작품까지 남길 정도였다.90) 이 「타씨찬장」에서 수산은 그 제목이 가리키듯 다눈치오의 훌륭한 면모를 예찬하면서 시에 대한 자신의 의지를 은연중에 드러내고 있다.

　우리 시인은 이와 같은 전설적 몽환과 시적 열정으로부터 일보 또 일보(一步又一步) 점차로 실현적 인생에 나아갔다. 그 찬연한 붓대는 기상(機上)의 정확한 핸들(把手)로, 그 서정적 싯구는 국민적 찬탄으로, 그의 「사의 승리」는 「생의 염(焰)」으로, 또 연애적 열정은 애국적 열정으로 이변(移變)하였다. 아, 누가 알었던고, 일후에 큰 일을 하리라고. 그는 강보에 싸인 일생명의 미소에 축복한 유모의 예언이셨다. 보라. 내각·사회당·연맹의 구속과 저지가 일정

---

90) 「영웅」은 원고의 상당량이 낙질되어 전집에 게재되지 않았다.

한 목적으로 그 정력을 구사하는 시인, 물질의 힘이 미치지 못하는 영혼의 창조의 시인에의 어떠한 권위와 자유가 있을까. 모든 군집의 숭영웅적(崇英雄的)인 환영과 절대한 사랑은 「로마의 신왕(新王)」의 정복을 승인하였다.91)

이처럼 다눈치오의 면모를 예찬하면서 수산은 3·1운동 이후의 혼란한 사회와 민족적인 고난의 현실을 마치 다눈치오와 같이 극복하면서 그러한 삶을 시로써 표현해 낼 수 있는 시인의 출현을 기대하고, 자신도 그러한 시인의 한 사람이 되기를 뜻하였다.

우리는 집을 사랑하고 나라를 사랑하고 인류를 사랑하기 전에 나의 생명을 사랑한다. 사랑에서 힘이 나오는 것이 아닌가. 그러나 거만(巨萬)의 투기, 견박한 질곡이 새 선혈과 국민의 희생을 이길 수가 있을까. 국민적 감정은 모든 것을 이길 수가 있다. 침묵한 긴장을 준비하야 시기의 필요한 점화선의 성냥 한 개비가 긴절(緊切)한 것을 깨달아라.92)

다눈치오가 그러했듯이, 수산은 이처럼 국민의 감정을 충실히 표현하여 풍전등화와 같은 민족의 운명을 생명력 넘치게 해줄 수 있는 정신(詩)의 출현을 기원하며, 그 구체적인 사례로 다눈치오의 「라전(羅典)국민부활의 송」, 「국민정신의 송」을 찬미하였다. 다눈치오의 시를 '진실한 화성(話聲), 기대하였던 시

---

91) 『김우진 전집』 II, 「타씨찬장」, pp. 232-234.
92) 전게서, 상동.

편'이라고 하면서 위기에 직면한 1920년대의 현실 속에서 민족적 정신을 불꽃같이 밝혀 줄 시의 출현을 열망하였다. 평생 시인으로 살기를 희망하면서 간간이 시를 쓰게 된 것은 이러한 수산의 시정신이 바탕이 됐기 때문이다.

1925년 6월에 쓴 「곡선의 생활」에는 5월회 창립의 날이라는 부기가 들어 있다. 이 글을 통해서 그는 창조적 삶의 중요성을 강조하면서 그러한 삶은 고정된 도덕이나 율법·제도를 추종하는 데서 얻어지는 것이 아니라, 생명력을 가지고 부단히 투쟁함으로써 이룰 수 있다는 의지를 밝혔다.

> 이상주의적 철학가는 창조와 이성과 완전을 얻으려고 살고, 나는 살려고 창조와 이성과 완전을 구한다. 이것은 패러독스가 아니다. 손쉽게 다시 말하면 법칙 밑에 생이 있는 게 아니라 삶의 밑에서 법칙이 생긴다. (중략) 생명의 지침은 의식이다. 생명의 의식은 세계의 파괴요 또는 창조이다. 개조가 아니고 개혁이 아니다. 상상할 수 있는 시간과 공간 안까지는 되풀이하는 창조이다. 그러니까 개조라는, 개혁이라는 말 위에 머물러 서지 마라. 생명의 의식, 나는 이것에 희망을 둔다. 적어도 우리는 이곳에 운명의 전환을 보아야 한다.[93]

이처럼 그는 수차에 걸쳐 생명의 의식을 강조하면서 꽃이 피는 것도, 의의 있는 생활도, 역사의 발전도 모두가 의식에 의한 것이었음을 밝혔다. 그리고 그는 이상과 같은 생명의식이 깃든 창조적 삶을 곡선의 생활이라는 비유적 표현을 써서 정의

---

93) 『김우진 전집』 II, 「곡선의 생활」, pp. 220-222.

했다.

    내 위에 창공, 내 안에 살려는 힘. 창공은 직선이고 힘은 곡선이다. 곡선 없는 곳에 무슨 힘이 있으랴. 힘 없는 생이 어디 있으랴. 곡선 있는 생이기 때문에 영원한 되풀이의 싸움이다. 직선인 모든 것을 버려라. 지금은 생명의 물굽이가 한 번 더 힘 있게 더 세게 일어나야 할 시대다. 이천년간 양으로나 질로나 다시 비례가 없었을 만큼 큰 곡선의 시대가 왔다. 모든 직선의 생활을 피하라. 이상이나 관념이나 절대나 다 집어치워라. 그리고 생명의 흐름에 기회를 타라.[94]

    수산은 이처럼 고정적인 관념이나 기존 가치의식, 기성체제에 저항할 것을 촉구하면서 새로운 삶의 추구에 집착했다. 그런데 이 「곡선의 생활」에서 그가 말하는 생명의 의식은 일찍이 쇼가 주창한 이른바 생명력(life force)의 발견과 깊이 관련되어 있음을 보여준다. 본문 가운데서도 쇼의 말을 인용해 가면서 내면에 있는 본능이나 생명의 샘물을 진정으로 깨달음으로써 곡선의 생활이 가능하다는 논리를 전개했다.
    1926년 3월에 쓴 「생명력의 고갈」은 시대와 예술과의 관계를 논한 글이다. 이 글은 '예술과 인생' '시대와 예술' '상대성 원리' 등 세 개의 항목으로 나누어 논술되었다. 먼저 '예술과 인생'에서는 예술을 어떤 고정관념이나 일정한 개념으로 인식하는 태도를 경고하면서 「죄와 벌」에 등장하는 라스콜리니코프의 살인동기가 작가의 의도적인 개념에 의해서 이루어져 있어 감동

---

94) 전게서, 상동.

이 부족함을 지적하고 있다. 그는 "개념으로 어떤 행동이 시작될 때 그 행동이 불순한 것은 물론이고, 그 행동의 성과가 또한 무의미한 것이 되어버린다. 예술에서도 이런 개념을 버려야 한다"95)고 하면서 예술이 무의미한 유희가 되지 않도록 경고하였다.

또한 그는 괴테가 언급한 시대정신(Zeitgeist)을 가지고 예술과 시대의 관계에 언급하였다.

> 예술도 시대시대에 따라서 제삼자의, 즉 일반사회의 요구가 변해진다. 이 요구 속에서 예술가가 생긴다. 예술가의 초월성을 말하는 이가 있지만 공기 속에 사는 인간이 공기를 초월할 수 없음과 같이 사회의 일인으로서 생활하는 인간이 사회의 마음, 괴테의 시대정신에서 떠날 수 없다는 것은 누구든지 다 알고 있는 것이다. 예술이 시대와 어떠한 필연한 인과(因果)를 가졌음을 여기서, 더 단순한 사실에서 보아야 한다.96)

'상대성 원리'에서 수산은 당대의 조선사람들에게도 새로운 변혁을 요구하는 마음이 충만되고 있음을 지적하고, 아울러 그러한 요구를 예술적으로 충족시켜 주는 일련의 창조적 행위가 절실함을 말하였다. 그러나 그는 그러한 시대적 요구에 대해서 충분히 응답하지 못하고 있는 당대의 예술가들을(자신도 포함해서) 안타깝게 여기고 있다. 그리고 그 근본원인을 생명력의 고갈로 보았다. "오늘 조선에서 무엇이 부족하냐 함은 이 요구나

---

95) 『김우진 전집』 II, 「생명력의 고갈」, pp. 223~224.
96) 전게서, 상동.

생의 충동이 부족한 것이 아니라 그것을 실현코자 하는 힘이 부족하다"97)고 했다. 생명력의 고갈에는 물이나 밥이 필요한 것이 아니라, 어떤 자극과 충동을 주어야 한다고 하였다. 이상의 논지를 종합해 보면 예술은 생명력에서 창조되고, 창조된 예술은 다시 독자에게 생명력을 준다는 변증법을 발견할 수 있으며, 앞서도 언급된 쇼의 생명력에 관한 영향이 이 글에서도 여전히 강하게 지속되고 있음을 확인할 수 있다. 그는 "조선 예술가들은 어떤가? 생명력의 고갈이 오늘처럼 심한 것은 없다"는 말로 이 글을 맺고 있다.

미필고인 「자유의지의 문제」는 『5월회』에 발표되었다. 이 글에서 수산이 중요하게 취급한 문제는 진보와 자유의지의 관계였다. 진보란 불완전한 인간을 완전하게 해줄 수 있고, 그러한 완전을 위한 노력은 자유의지에 의해 이루어지는 것이므로 자유의지야말로 인간의 내면에 숨어 있는 '참의 신'이라 하였다. 이리하여 인간의 삶이란 곧 자유의지를 '이용하고 배육(培育)시키는 것'이라 부연하였다.

> 살려는 맹목적·결정적·숙명적인 자유의지다. 아무것도 지배할 수 없고 아무 힘도 결박하거나 죽이지 못할 생명의 힘이다.98)

이것이 그가 정의한 자유의지의 뜻인데 쇼가 「인간과 초인」(Man and superman)에서 밝힌 생명력의 개념과 같은 것임을 알

---

97) 전게서.
98) 『김우진 전집』 II, 「자유의지의 문제」, pp. 204-208.

수 있다. 쇼에 의하면 생명력이란 생명의 원동력이며 맹목적이고 충동적이긴 하지만 총명한 지식과 결부됨으로써 인간을 부단히 진화시켜 마침내는 초인의 경지까지 끌어올린다고 믿었던 것이다. 그러나 이 초인관념은 개인주의를 배경으로 한 거대한 개인을 말함이 아니고, 사회를 형성하는 각 단위가 이상적인 인간의 모습으로 도달했을 때 이상적 사회가 실현된다고 하는 쇼의 관념을 말한다. 수산은 자유의지의 문제를 검토하기 위해서 심리학자들이 사용하는 자의(自意, voluntariness)와 부자의(不自意, involuntariness)의 실상을 자상하게 검토하였다.

  개인의 집단인 민중이나 사회에서도 인과율(因果律)이 지배한다. 민중심리가 그렇고 사회의식이 그렇다. 역사란 인과율의 간단 없는 반복이다. 또 사회제도의 변천이 역시 그렇다.[99]

그는 역사를 발전, 진보시키는 인과율을 지배하는 자유의지의 문제를 이처럼 중요하게 보았다. 그리고 이와 같은 진보와 자유의지의 상관관계에 대한 그의 생각은 앞서도 언급한 바와 같이 쇼의 역사의지와 동궤(同軌)의 것임을 쉽사리 파악할 수 있다.

그런데 이 「자유의지의 문제」에서 간과할 수 없는 부분이 있으니, 하나는 자살에 관한 것이고, 다른 하나는 사회주의 사상에 관한 수산의 관심이다.

---

99) 전게서, 상동.

자살자의 예를 들자. 실연한 청년이나 소녀라고 하자. 그이는 환경의 불여의(不如意)에 혹은 욕망의 실패에 비관한 끝에 자살을 해서 실망의 고통을 잊으려고 한다.(실망을 극복하려는 것은 아니다) 자살의 행동—칼이나 네고이라스나 총이나 허리끈으로나—은 부자의(不自意)의 운동이기 때문에 이런 제2의적인 수단이 살려는 자유의지를 자기 생명일지라도 건드리지 못한다. 그러기 때문에 명이 떨어지는 그 찰나까지도 현실의 빛을 잃지 않으려고 팔다리를 허덕거린다. (중략) 자유의지가 있는 까닭이다.100)

그는 이처럼 자살을 '실망의 고통을 잊으려는 부자의의 운동'으로 보았다. 이 글이 그의 자살 얼마 전에 씌어진 것임을 감안할 때, 그의 자살사건은, 흔히 세론이 그러하듯, 결코 윤심덕과의 로맨틱한 정사로 미화되거나 과장될 수 없는 것이다.

사회주의 사상에 대한 언급은 공장노동자와 사회운동가가 상호간에 자유의지의 작용이 실제로 어떻게 다르게 나타나는가를 설명하는 부분에서 드러났다. 노동자들의 집단적인 실력행사 역시 그들 자신에게 미치는 인과율과 그 인과율에 작용하는 자유의지에 의해 본질적으로 결정되는 것이지, 사회운동가의 단순한 선동에 의해서 이루어질 수 있는 것은 아니라고 했다. 이 부분을 통해서 우리는 수산이 영역된 「공산당선언」(Communist Manifesto, 1848)을 읽었고, 또한 삶의 본질적인 차원에서 사회주의 사상을 폭넓게 이해하고 있었음을 확인할 수 있다.

미필고인 「신청권」(新靑卷)은 수산 자신의 말로 미루어 본래는 장문의 서술을 계획했던 것임을 알 수 있다.

---

100) 전게서, 상동.

저자말—— 이 제목은 스트린드베리의 만년생활의 총결산을 한 책제목에서 온 것입니다. 나는 총결산 대신에 총출발점에 앉아서 이 제목을 땄습니다. 물론 그 내용이야 상반될 것이지만.[101]

스트린드베리(Strindberg, 1849~1912)는 그가 사숙했던 서구작가 중의 한 사람이었는데 그의 영향은 극작품상에서뿐만 아니라 이처럼 생활 속에서도 드러나고 있다. 스트린드베리가 그의 인생을 총결산해서 썼다는 일련의 『청서』(Blue Books, 3권, 1907~1908)를 모방해서 「신청권」이라는 서명을 붙이게 되었던 것이다. 앞서 언급된 쇼뿐만 아니라 스트린드베리 역시 복잡한 가정문제·여성혐오증·비타협적인 성격·우상과 권위와 허위에 대한 과감한 도전 등 공교롭게도 수산의 환경과 상통하는 점이 특징이며, 아마도 이러한 유사성이 더욱 이러한 작가들을 사숙하게 한 것으로 판단된다.

한 권의 저서를 목표로 시작된 「신청권」은 실제로 '어찌하면 좋을까' 하는 머리글만을 쓴 채 중단되고 말았다. 『5월회』에서 사용하던 원고용지에 기술된 것으로 보아 1925년 6월 이후에 쓰기 시작한 것이 분명하고, 서언만으로 중단된 이유는 불과 1년 후에 생긴 그의 자살 때문인 것으로 유추된다.

확실히 부정할 수 없는 사실이 한 가지 있다. 즉 영원에서 불어오는 바람이다. 세상 사람이 이것을 현실이라고도 말한다. 어제의 참된 속을 알 수도 없는 것과 같이 내일의 참된 마음도 알 수 없

---

[101] 『김우진 전집』 II, 「신청권」, pp. 198-201.

다. 다만 오늘의 이 자리에서 제군이 알고 생각하고 느끼는 것 외에 무슨 참됨이 있으며 어떤 바른 것이 있으랴.[102]

머리글은 이렇게 시작된다. 수산은 이 글에서 현실의 고뇌를 문제로 제기하였다. 그리고 그것을 경험론자의 입장에서 보려고 하지 않고 시인의 입장에서 보려 하였다. 영원에서 불어오는 바람을 곧 현실로 해석한 것이 그것이다. 즉 현실의 인생고 자체는 영원성이 있다는 것이다. 고(苦)는 일시적인 것이 아니라 삶 자체가 본질적으로 고와 관련되어 있다는 통찰을 피력하였다. 이러한 문제와 관련해서 그는 삶을 허무한 것으로 해석한 쇼펜하우어(Schopenhauer, 1788~1860)를 비판하였는데, 그를 '한숨만 쉬다가 수명대로 돌아간 이'로 몰아붙였다.

그러면 어떻게 할까. 피할 수 없는 그림자처럼 신변에 따라오는 이 현실을 어떻게 할까. 이 해답은 불필요하다. 해답 대신에 제군의 생활이 있다. 인생 그것이 있지 않은가. 철학자 되기 전에 시인이 되어야 한다. 하늘 속에다가 천냥을 바라는 것도 지금은 헛일이겠지만, 이땅 위에다가 옛날 그네들 모양으로 낙원을 만들어낼 줄 믿는 것도 헛된 수작이다. 그러면 어찌할까. 여보 동무여, 그러면 어찌할까. 좋다. 제군의 앞에 생활이 있다. 어찌할 수 없는 생명력이 있다. 생명력을 결정해 주는 자유의지가 있다.[103]

이처럼 삶의 의지에 충만해 있던 수산의 자살은 확실히 하

---

102) 전게서, 상동.
103) 전게서, 상동.

나의 아이러니가 아닐 수 없거니와, 「신청권」을 통해서도 앞서 거론된 생명력과 자유의지가 그의 지속적인 관심사였음을 알 수 있다.

일자미상의 「기록의 마력」은 『5월회』 원고지에 기록된 점으로 보아 역시 그 무렵에 쓴 글이 아닌가 한다. 선인에 의해서 기록된 것이면 무엇이든 과신하고 맹신하는 인습에서 벗어나 각자가 스스로 생각하고 판단하는 진정한 문명인이 되어야 한다는 주장을 담은 이 글은 또한 수산의 개성을 잘 드러내고 있다.

> 기록된 것을 맹신하는 버릇은 야만인이나 미개인뿐만 아니라 개명인·문화인에게도 크게 지배되고 있는 인류 공통의 미신적 본능이다. 자기보다 정신적으로나 육체적으로 우월한 이의 생각이나 행동이면 곧 거의 본능적으로 모방하게 된다. 모방하는 동시에 신임하고 숭배하고 예찬한다. 다만 문학상으로 기록된 것에 대해서 이럴 뿐 아니라 어떤 사상, 어떤 창견(創見), 어떤 행동에 대해서 모두 그렇다.104)

그는 기록을 믿는 행위를 이처럼 미신적 본능으로 보았다. 그리고 이런 미신의 대표적인 사례로서 공자교(孔子敎 즉 儒敎)를 지적하였다. 그에 의하면, 공자는 모든 이상을 의지(意志)에 두지 않고, 상고주의(尙古主義) 사상에 두었는데, 실제로 공자가 숭배하던 고대국가들은 없었다는 것이다. 오늘의 사람들이 공자가 살았을 당시의 그 시대의식을 알 수 없으면서 덮어놓고

---

104) 『김우진 전집』 II, 「기록의 마력」, pp. 202-203.

선왕(先王)의 법을 따르라고 가르치고, 또 그대로 추종하고 있는 것은 일종의 독연(毒煙)에 마비되는 것이나 같다 했다. 공자교는 귀납적인 것이 아니라 연역된 강령인데, 우리 민족은 오랫동안 그러한 독연기에 젖어 창의적인 사고를 마비시켜 왔다고 비판하였다. 무엇보다도 무서운 점은 공자교가 자유의지를 견박하는 교훈을 강요하는 것이라 하겠다.

도시(都是) 문명인이란 것이 모두 수인(囚人) 생활에 불과하다. 그도 코카사스 산상에 결박된 프로메테우스의 수인생활이 아니다. 자유의지를 안 가지고 의력(意力)과 반발성이 없는 아편중독자의 생활이다. 다시 말하면 기록 중독자의 생활이다. 그러다가 큰 혁명가나 사상가가 나오면 누구든지 그 당시에는 순교적 고난을 받는다.105)

그는 낡은 율법에서 벗어나려는 선구자들을 찬양하면서도, 그러나 덮어놓고 "그 시대·그 장소·그 민중과 반대되는 지위에 서있다는 것이 반드시 천재"는 아니라 하였다. 천재를 결정해 주는 것은 기록에 마비되지 않는 자유의지를 갖는 것이라 하였다. 아울러 그는 소위 당시에 신청년·신여성을 자처하는 젊은 세대들에게도 경고를 금치 않았다.

우리딴에는 새 사고방식을 배웠고, 새 의식과 새 생활에 대한 목표를 가졌다는 소위 신청년·신여성들에게 우리는 실망 아니할 수 없다. 생활과정이 의식을 결정하는 것이다. 수백년간 골수에 박

---

105) 전게서, 상동.

히기까지 젖어온 생활과정이 그들의 두뇌의 맨 밑구멍에 젖어있다. 지금은 최상부의 겉물만 걷어낸 것에 불과하다.106)

따라서 젊은 세대들은 아직도 진정한 '새세대'로서의 자격을 갖추지 못했다는 것이고, 또한 앞으로의 부단한 노력이 기대된다는 요지의 주장이다.

일자미상의 「초야권」(初夜權, Jus Primae Noctis)도 『5월회』 시기에 쓰어진 것으로 보인다. 이 글은 제목 그대로 처녀의 초야권 문제를 중심으로 남성 대 여성의 불평등한 관계를 비판한 것이다. 수산은 처녀숭배의 시원이 불(火)이나 열, 피(血)에 대해서 원시인들이 지녔던 미신에서 유래되었을 가능성을 피력하고, 옛날 여성들은 처녀막이 파열될 때 오늘의 문명인보다 많은 양의 피가 흘러나왔을 것이므로, 이에 대한 두려움, 공포와 더불어 한층 더 나아가 신비로운 존경의 마음까지 생겼을 것으로 추론하였다. 따라서 오늘날 문명인의 입장에서 본다면 하이멘 (처녀막, hymen)의 숭배란 한 가지의 미신적 기행에 지나지 못한다고 하였다. 그런데도 문명인들이, 특히 남성들이 여성의 순결과 정조를 문제삼고 그들에 대해서 초야권을 고집하고 있는 것이야말로 진정한 의미에서 아직도 미개인과 같은 처지임을 비판하였다.

자기네들이 이성에게 대해서 성적으로 (나중에는 정신적으로) 절대한 하이멘의 순결을 요구하는 것도 역시 미신이고 기습이 아닐

---

106) 전게서, 상동.

까. 남성 자기들은 여성이 역시 남성에게 대한 이런 요구를 한 푼의 가치도 없는 것으로 아는 데서야 다시 말할 바가 없지 않는가. 말할 것 같으면, 출가 이전의 노라(Nora)가 한 개 남성의 완농물(玩弄物)로서 아버지의 손에서 남편의 손으로 옮겨온 것과 같이, 오늘까지의 여성의 하이멘은 옛날 승려나 제사장이나 존친의 손에서 떠나게 되는 동시에 남성 일반의 손에 옮겨오게 된 것이다. 여성 자기네들 수중으로 들어온 것이 아니다. 그래서 여성까지도 당연한 일로 알고, 그 생명을 남성의 가치표준에 맞추려고 애를 쓰고 있다.107)

이처럼 수산은 초야권을 고집하고 있는 남성뿐만 아니라, 그러한 가치기준에 타당한 이유 없이 덩달아 동조하고 나서는 여성들까지 비판하였다. 특히 당대의 신여성을 자처하는 여자들까지도 소위 '순결'에 대해서는 거의 맹목적으로, 혹은 주위 사람들에게 체면을 고려하여 고수하고 있는 현실을 꼬집으면서, 그 거짓스런 태도를 지적하였다. 그는 남성의 기준에 맹종하는 여성을 불쌍한 여성으로 보았다.

불쌍한 여성이다. 자기의 사명 —— 사랑·생식 —— 을 다하려는데 난데없는 남성의 처녀에 대한 미신이 가로막고 앉아서 생살지권(生殺之權)을 좌우한다. 이 권리를 가진 남성의 구실에 자기네들 스스로 얽매여 나가는 것이 불쌍하다. 그래서 남여성이 모두 일어서서 처녀숭배의 이상, 소위 순결의 시를 만들어 냈다."108)

---

107)『김우진 전집』II,「초야권」, pp. 209-212.
108) 전게서, 상동.

4. 문예비평론

그는 이처럼 순결과 정조숭배의 관습을 만든 책임을 남여성 모두에게 적용시켰다. 수산은 한층 나아가서 이러한 맹신적인 순결관이나 정조관에 의거하여 춘향(春香)의 태도를 비판하였다.

춘향이가 이도령 돌아오기 전에 다른 옥골남자만 얻었다면 수청기생으로 들어갈 염려는 없었겠지. 만일 이도령이 과거급제를 아니 했더면 춘향이는 옥 속에서 죽었을 것이다. 아까운 춘향의 성격만한 훌륭한 여성이 송장이 되어 썩어버렸겠다는 말이다. 그도 더러운 원님 한 놈의 희생이 되어 가지고, 만일 이 정조관념만 없었다면 춘향이는 훌륭한 노르웨이의 노라보다 더 가치있고 고마운 여자가 되었을 것이다.[109]

이상에서 「인형의 집」(A Doll's House, 1879)의 노라(Nora)와 춘향의 경우를 정조관념이라는 측면에서 대비하는 것은 확실히 무리가 있으나, 수산의 본뜻은 하나의 독립된 인간으로서의 여성인 춘향을 기대하고 있었음이 분명하다. 그 근거는 노라를 언급한 다음 부분에서 분명해진다. "정신상으로 노라의 자각이 오늘 이후의 여성에게 필요하다면 육체상·심리상으로도 이 Jus Primae Noctis를 여성 자기네들이 주재해야 한다. 남성으로부터 낡은 정조관념으로부터 떠나야 한다."고 했다.
이 부분에 이르러 우리는 비로소 수산과 윤심덕의 연애와 사랑을 이해할 수 있게 된다. 윤심덕은 뭇 남성들과의 염문·무질서한 남녀관계 등으로 당대 언론의 화젯거리였고 소위 요

---

109) 전게서, 상동.

조숙녀들의 비난거리였다. 그녀는 조선여성들에게 부덕(婦德)을 가르치기 위한 '하나의 나쁜 사례'로서 자주 인용되는 대표적인 여성이었다.110)

세평이 이러한 윤심덕을 수산은 무척 동정하였고 차차 사랑하게 되었으며 마침내는 동반자살까지 하기에 이르렀다. 그가 만약 초야권을 고집한 범부와 같은 남성이었다면 그녀와의 정사는 상상하기조차 어려워진다. 세상 사람들의 험담이나 통념과는 달리, 윤심덕에게는 하나의 독자적인 여성으로서의 개성과 주체성이 있었음이 분명하고, 그러한 장점들이 수산으로 하여금 그녀에게 접근하도록 하는 심리적 동기가 되었을 것이다. 이런 관점에서 본다면 누가 뭐라든 그 두 사람의 사랑은 매우 값진 것이었고, 또 한국 전통사회에서는 매우 혁신적인 인간관계였다는 해석이 가능해진다.

> 처녀성에 대한 유일무상한 미신을 버리고 자기네들이 이 초야권의 주재자가 되지 않는 동안 정조문제란 영원히 여성에게 다시 피치 못할 철강에 지나지 못할 것이다.111)

수산의 글은 이렇게 끝맺고 있다. 이상의 글을 통해서 알 수 있듯이 그는 남녀의 문제를 각자의 개방적인 입장에서 그리고 각자의 주체성에 입각해서, 나아가서는 각자의 인생관에 기초하여 새로이 정립해야 한다는 지론을 안고 있었으며, 또한 몸

---

110) 전게서, 상동.
111) 전게서, 상동.

소 그러한 지론을 실천에 옮긴 시대의 첨단자였던 것이다.

1926년 6월 9일 서울에서 씌어진 「아 프로테스토」(A Protesto)는 수산이 목포의 집을 나와서 그 출가의 변을 조명희(趙明熙)에게 남긴 것이다. 그는 이 글을 남기고 동경으로 건너가 홍해성(洪海星)과 잠시 동거하면서 극작품 「산돼지」를 썼다. 자살 2개월 전이었다.

    출가는 왜 하니?
    내 속의 생활을 완미(完美)케 하려고.
    흥, 속 생활이 다 무엇이야. 가정을, 실생활을 잊어버린다니 네 처지와 경우를 너무 무시하는 것 아니냐.
    처지니 경우니 하는 것을 지금 날더러 이야기할 필요는 없다. 과거의 내 생활과 그 주위는 죄다 잊어버릴테니까."112)

이상과 같이, 두 사람의 대화체로 엮어져 있고, 두 사람이 모두 수산 자신의 분신이자 내면적 갈등을 대표하는 인물이기도 하다. 이 글에 나타난 의식을 요약해 보면, 지금까지의 처지와 경우에 얽매인 인간관계와 가정생활에서는 미지근한 타협이 불가피하므로 차라리 집을 떠나서 생활의 완미를 추구해 보겠다는 것이 진의였다. 그는 타협을 비상(砒霜)이나 독으로 여길 정도로 증오했고, 자신 같은 기인(奇人)의 생활에는 '이상(異常)이 곧 평상(平常)'이기에 가출함이 조금도 이상할 것이 없다고 단언했다. 자신이 가장 아끼는 것은 '내 속 생활'이라고 밝

---

112) 『김우진 전집』 II, 「아 프로테스토」, pp. 213-216.

히고, 아버지·처·자식들과도 헤어질 수밖에 없는 것은 그 속 생활 때문이라 했다.

아무리 못난이라도 영웅·천재 아닌 사람이라도 제각기 제멋대로 제 특징과 가치만에 의하여 살아야 한단 말이다. 수십장 되는 폭포도 제 힘에 넘쳐 뛰어내리고 있지. 그와 동시에 적은 시냇물도 제가 어찌할 수 없는 힘에 몰려 흐르고 있지 않니? 초목이 그렇고 금수가 그렇고 미물이 그렇다. 그런데 사람만은 그렇지 못하고 있구나. 인습과 전통과 도덕에 얽매여 있구나. 나는 이 모든 외부적인 것에 대한 반역의 선언을 지금 행동화하고 있다. 그러니 내 행동은 논리가 아니고 공리가 아니고 윤리가 아니다.113)

이 부분에서 그의 출가 이유는 더욱 분명해진다. 종래에 그가 언급해 온 창조적 생명력을 충실히 발휘해 보기 위해 그는 인습과 전통과 도덕에 대해 과감히 저항하려는 결심이었다.

내 처자도 다 잊었다. 더구나 방한(芳漢, 아들)이는 그립다. 그러나 모든 것이 내게는 제2의적(第二意的)이다. 그만큼 내 속에서는 어찌할 수 없는 내 생명이 뛰놀고 있다. 훙, 아버지 같은 이는 문학의 중독이라고 하겠지. 중독도 좋다. 내게는 이것만이 제일이니까"114)

이처럼 그는 자신의 내면적 의지(자유의지)를 중시했다. 아버지와 처자에 대해서는 시종 존경과 애정을 잃지 않으면서도 현

---

113) 전게서, 상동.
114) 전게서, 상동.

실적으로는 결코 타협하지 않겠다는 것이 그의 변함없는 의지였다. 실제로는 자살을 결심했으면서도 동경에서 조명희에게 보낸 편지에는 외국으로 떠날 예정이 있는 듯이 밝혔다.115)

1926년 6월 21일자로 김우진은「출가」라는 글을 또 하나 남겼다. 조명희의 증언에 따르면 그가 동경으로 건너간 뒤 써 보낸 것이라 한다. 이 글은 앞서의「아 프로테스토」에 이어서 그의 출가에 따른 심경을 밝힌 마지막 인생론이라 할 수 있으며 그의 사후에 세상에 발표되었다. 이 글 역시 대화체(A와 B)로 엮어져 있으며 내용도 앞서와 흡사하다.

B : 내가 가정에서 지위에서 재산에서 신분에서 떠나온 그것만이 내 행동이 아니다. 그런 것은 내가 지금이라도 다시 회복시킬 필요가 있으면 있겠지. 그러나 내 속의 어떤 존재가 나로 하여금 그런 것을 버리게 한 것이다. 이것을 잘 알아주면 이번 내 출가가 결코 일시적인 짓이 아니고, 변덕(きまぐれ)이 아니고, 네가 그렇게 힘들여 땀 흘려가면서 권고할 것이 아닌 줄을 잘 알 것이지만. 나는 이 행동이 곧 내의 생명 그것인 줄을 뵈이려고 한다. 오늘 이 자리부터 너에게 뵈이려 한다. 모든 인습, 전통을 버리고 내 자신 이외의 온 세계를 죄다 버리고 나선 길이다. 나는 살 뿐이다. 사는 그것뿐이다. 나는 어떤 까닭인지도 모르고 무엇이 시키는 것인지도 모르고 있으면서 살아가는 그것만이 참 나의 존재, 그것일 것을 말할 뿐이다.116)

---

115) 조명희에게 보낸 편지(1926. 6. 29, 7. 30), 전게서, pp. 237-244 참조.
116)『김우진 전집』II,「출가」, pp. 193-197.

이처럼 여전히 그의 생명력의 철학은 지속되고 있다. 그는 지금까지의 생활을 이원적(二元的) 생각, 제2의적(第二意的)인 철리(哲理)라 불렀다. 그것은 일종의 상징의 세계인데, 이제부터는 그러한 상징에서 벗어나 참생활, 참생명에서 살 수 있게 되었다고 말하면서 "첫 힘을 발견했다"고 실토했다.

  B : 이번 이 행동이 내 자신 속의 참존재, ─ 아, 나는 지금 이것을 무엇이라고 말해야 좋을까 모르겠다 ─ 너와 내가 건드리거나 누르지 못할 어떤 원시적(原始的) 존재, 그것이 폭 하고 터진 소리에 불과하다.117)

그는 이처럼 자신의 내면적 발견을 기쁨에 넘쳐 표현하였다. 지금까지는 깨닫지 못하였으나 본래 자신의 내면 속에 간직되었던 생명의 힘과 생명의 샘을 드디어 확인하고 찾아낸 듯이 그는 부르짖었다. 그는 독일의 표현주의 작가 한센클레버(Hansenclever, 1890~1940) 의 「아들」(Der Sohn)에 나오는 대사의 한 구절을 가지고 「출가」를 끝맺었다.

  아버지, 당신은 저를 업신여기시지요. 그것이 당신의 권리이니까. 저는 아버지의 돈으로만 살아왔으니까. 하지만 저는 이 심장 속 회오리바람으로써 처음으로 아들이라는 울타리를 뛰어넘었습니다. 그래서는 못 쓴다구? 대체 무슨 법칙이 있기에 저를 이 속박 속에 집어넣었습니까? 아버지도 역시 사람이 아니오? 저도 역시 사람이 아니오? 저는 아버지 무릎 밑에 앉아서 아버지를 축복했습

---

117) 전게서, 상동.

니다. 그런데 당신은 저를 이런 엄청난 고통 속에다가 넣어두고 있었지요. 그것이 아버지가 저한테 주시는 사랑이오 그려.[118]

이처럼 수산이 맨 마지막으로 남긴 말은 언제나 애증관계에서 벗어날 수 없었던 아버지에 대한 것이었다.

---

118) 전게서, 상동.

5

문학사적 위상

　수산 김우진은 문학을 통해서 자기의 사상과 삶을 표현하고자 했다. 사실에 관한 설명이나 주장을 담은 논설보다는 은유적인 작품형식이나 논리적인 평론을 즐겨했다. 당대의 최고 지식인이었던 그가 언론인이나 교사가 되려하지 않고, 문인으로서 살고자 했던 것은 이런 까닭으로 여겨진다. 그는 표현 자체를 몹시 중시했고 표현이 곧 창조라는 확고한 인식을 지니고 있었다. 불과 스물 아홉의 생애에 그는 3천 매 이상의 글을 남겼다.

　보통학교를 조기 졸업한 수산이 1913년(16세)에 쓴 소설「공상문학」은 다른 작가들의 개화기 소설과 더불어 논의될 만한 수준이고, 1921년 와세다대학 영문학과 1학년 때 쓴 소설「동굴 위에 선 사람」은 자의식(自意識) 소설로서 선구성을 지닌다. 평생 시인으로 살고자 했고 50여 편의 시를 지었지만, 동시대의 다른 시인들에 비해서 명편(名篇)을 남기지는 못했다. 그의 시는 내면적 갈등과 절망을 혹은 낭만적으로 혹은 주지적으로 노래한 점에 특징이 있다.

그는 일본의 농업학교(중학과정) 출신으로서 낙후된 조국의 농업을 근대화하는 일에 선구적인 역할을 할 수 있었으나 애석하게도 불발에 그치고 말았다. 그가 농업학교 시절에 발표한 「축산론」이나 졸업논문 「조선에서의 삼림사업 일반」은 근대농업학 논문으로서 귀중한 업적으로 기록될 만하다.

수산은 연극에 남다른 애착을 지니고 있었다. 대학에서 영문학을 공부한 사람들이 드라마에 관심을 기울이는 것은 일반적인 현상이지만, 특히 수산의 경우는 당대의 유명한 연극학자들이 교수로 재직했던 와세다대학의 영문학과 시절에 서양의 걸작들을 두루 학습·탐독하면서 타인이 추종하기 어려운 높은 경지를 이룩하게 된 것이다. 예과 2년(1920) 시절에 그는 극예술협회를 결성하고 운영하면서 미래의 연극운동에 관해 준비했다. 1921년 여름방학의 고국순회공연은 기성극단인 토월회(1922)에 앞서서 근대극운동의 기수가 되었다. 동시에 이 공연은 국내의 학생극운동을 선도하는 계기가 되었다. 토월회는 물론이고, 1930년의 근대극운동을 주도한 극예술연구회의 활동 역시 극예술협회의 연장선상에서 논의되어야 마땅하다.

그는 평생의 벗이자 협회회원이던 홍해성을 일본 근대극의 산실인 축지소극장에 가입시켜 주었다. 중앙대학 법학과를 중퇴한 홍해성은 일본대학 예술과에 편입·졸업하고 수산의 소개로 좀처럼 입단하기 어려웠던 축지소극장에 들어가 연기와 연출을 습득하게 된 것이다. 수산은 학업을 마치고 귀국하면,

서울에 새 극장을 지어 자신은 극작을 하고, 홍해성은 연기와 연출을 지도하여 명실상부한 근대극운동을 하자고 언약했다. 이를테면 '한국의 축지소극장'을 만드는 것이 그의 꿈이었다. 애인 윤심덕을 토월회에 가입시켜 연기공부를 시킨 것도 이러한 일련의 꿈과 상관된다. 그의 포부는 완고한 아버지의 반대로 좌절되었다.

근대극운동에 직접 투신하는 데는 실패했지만, 목포로 귀향한 이후 그는 극작에 전념했다. 1925년에 탈고한 「이영녀」는 최초의 본격적인 사실주의 희곡으로서, 그리고 이듬해에 탈고한 「난파」와 「산돼지」는 실험적인 표현주의 희곡으로서 역사적인 의의를 지닌다. 「이영녀」에서는 당시 서민여성의 매음행위를 통해 삶의 조건과 실제 모습을 현실감 있게 그렸으며, 「난파」와 「산돼지」에서는 수산 자신과 가족의 삶을 극중 현실과 이미지로 부각시켰다. 자작극에 대하여, 당시 연극계의 사정으로는 '공연이 불가능'하다는 사실을 분명 인지하면서도, 기존질서와 타협하지 않은 채, 실험적인 형식과 파격적인 내용을 추구해 나갔다. 그야말로 우리의 선구적인 극작가였다.

그의 문학비평론 「조선말 없는 조선문단에 일언함」(1924), 「아관 계급문학과 비평가」(1925), 「이광수류의 문학을 매장하라」(1926), 연극비평론 및 작가론인 「소위 근대극에 대하야」(1921), 「인간과 초인 — 그 철학의 비평적 연구」(1924), 「창작을 권합네다」(1925), 「구미 현대극작가론」(1926), 「자유극장 이야기」(상동), 「우리 신극운동의 첫길」(상동), 「동경 축지소극장에서 〈인조인간〉을 보고」(상동) 등을 통해서 비평가적 자질과 실력을 충분히 발휘했다. 이처럼 지적인 통찰력과 합리적인 판단력을 지닌 근대문예비평가를 우리는 처음 발견하게 된다. 식민지의 현실 가운데서 그는 우리의 작가들이 모국어와 문장, 민속과 민요, 민중의식을 중히 여길 것을 강조했다. 그의 이광수 문학에 대한 비판은 당시 김동인으로 대표되는 사실주의·자연주의적인 입장에서의 춘원 비판보다 한 걸음 더 나아가 문학적 리얼리티를 위한 방법의 개방성과 작가의 내면의식을 강조한 점에서 훨씬 새롭다. 그야말로 한국 최초의 자의식의 작가였다. 또한 대부분의 계급문학론이 외국 이론의 수용과 모방 단계에 머물고 있을 때, 그는 벌써 사회와 역사와 계급의 관계를 역사발전의 필연적인 원리로 파악하고 있었던 근원성을 지닌다. 그는 계급의 이론적 시비보다 당대의 현실에 토대를 둔 작품화의 중요성을 강조했다.

그의 서구 근대극 연구는 한국의 신극 수립을 위한 절실한 목적에서 출발되었으며 매우 구체적인 성과로 드러났다. 스트린드베리와 쇼, 셰익스피어와 입센·앙뜨완느와 오사나이 가오루·피란델로·오닐·차페크 등에 관한 기록은 모두가 신지식이었다. 표현주의에 관한 수용과 이해 역시 새로운 발견이었다. 그는 당대의 연극계 지도자인 윤백남·박승희·현철·김운정 등이 일본의 연극계를 통해서 서구의 근대극 이론을 수용하고 있을 때, 자신이 직접 이론을 수용하고 아울러 번역까지 함으로써 일본이라는 창구를 거치지 않고 문호를 확대해 나갔다. 그의 영어실력은 탁월했기 때문이다. 그의 근대극 수립에 관한 당대의 현실적 모색은 즉시 성과가 드러나지 못하였으나 뒤에 그의 영향을 받은 극예술연구회에 의해 성취되기 시작했다.

그의 원고 가운데서 간과할 수 없는 것이 에세이류의 글이다. 흔히 접할 수 있는 신변잡기가 아니라 시대성과 사상성을 지닌 수상론인 것이다. 이탈리아의 시인 다눈치오를 논한「타씨찬장」(1919), 생명력 사상을 담은 글로서「곡선의 생활」(1925)「자유의지의 문제」(상동)·「신청권」(상동)·「생명력의 고갈」(1926), 구시대적인 인습으로서 공자숭배와 처녀성숭배를 비판한「기록의 마력」(1925)과「초야권」(상동) 등을 통해서 그는 자신이 처한 시대상황과 구조적 모순, 낡은 인식과 낙후된 관습을 신랄하게 비판했다. 아울러 그는 새로운 삶과 미래적 사회를 구현하기 위한 실천적인 이념으로서 생명력 사상을 열렬히 추구하고 주창했다.

수산 김우진의 삶과 문학은 일체의 새로운 가치추구와 창조를 향한 매진이었다. 그는 삶 자체를 가장 중시했고, 자신의 의식과 체험을 진실·진지하게 표현하는 것을 문예의 첫째 과업으로 삼았다. 언제나 인습을 거부했고, 가부장적 권위에 반항했으며, 미지근한 타협보다는 차라리 고독을 즐겼다. 윤심덕과의 사랑·가출·도피생활 역시 새 삶을 위한 몸부림이자 싸움이었다. 심지어는 자살마저도 그에게는 현실극복의 최후수단이었던 것으로 해석된다.

연보 및 연구자료

1. 작가 연보

1897년	부친 김성규와 모친 순천 박씨 사이에서 장자로 長城 官衙에서 출생(9월 19일)
	아버지가 설립한 湖南先憂義塾(長城郡 東山洞 소재)에서 수학
1902년	모친 순천 박씨의 타계
1908년	목포 北橋洞으로 이사
1910년	목포공립보통학교 2회 졸업
1913년	소설「공상문학」탈고
1914년	木浦公立尋常高等小學校 고등과 1년 수료
1915년	일본 熊本懸立 熊本農業學校(현재 웅본현립 웅본농업고등학교)
	시창작 시작(이후 48편의 시를 남김)
1916년	谷城 鄭雲南의 여식 鄭點孝와 결혼.「축산론」집필
1918년	장녀 辰浩 탄생
	웅본 농업 16회 졸업, 졸업논문『朝鮮に 於ける 森林事業一般』으로 英親王께 5원의 상금을 받음

	동경 新宿으로 가다
1919년	와세다대학 豫科 입학.
	수상 『陀氏讚章』 탈고(이후 13편의 수상 남김)
1920년	극예술협회 발족
1921년	와세다대학 영문학과 진학.
	日文 단편소설 「동굴 위에 선 사람」 창작
	同友會 순회연극단 주도. 연출활동
	번역 「찬란한 문」
	문예비평 「소위 근대극에 대하야」 발표(이후 본격적인 비평활동)
1924년	와세다대학 졸업. 졸업논문 『Man and Superman : Critical Study of its Philosophy』
	목포로 귀향
	祥星合名會社 사장으로 취임
1925년	장남 芳漢 탄생
	희곡 「이영녀」 탈고
	희곡 「두더기 시인의 환멸」을 『학조』 1926년 6월호에 발표
1926년	희곡 「난파」 창작
	출가. 동경으로 가다
	마지막 희곡 「산돼지」 탈고
	현해탄에 투신(8월 4일)

2. 작품 연보

▶ 희곡

「정오」 연대미상
「이영녀」 탈고, 1925년 9월
「두더기 시인의 환멸」 창작 1925년 12월, 발표는 『학조』 1926년 6월호.
「난파」   1926년 5월
「산돼지」 1926년 7월

▶ 시

연작시「이단의 처녀와 방랑자」(1921.8)를 포함해서 모두 48편이 유고로 남아 있고, 『필사본 유집』으로 보전되어 있다. 이 유고 이외의 시 7편이 있다.

「哀樂曲」(1921. 1)　　　　「春湖行」(1921. 3)
「봄 바람과 비」(1921. 4)　　「細枝上의 生光」(1921. 4)
「春江花月夜」(1921. 3)　　　「봄의 연인」(1921. 1)
「春湖」(1921. 3)

▶ 소 설

「공상문학」(1913. 6. 20~8. 3)
「동굴 위에 선 사람」(洞窟の上に立たる人, 1921. 6. 30)
「방련은 어떻게 해서 나병의 남편을 완쾌시켰나」(蒡蓮はいかにして癩病の夫を全快させたか) (연대미상)
번역소설로 다눈치오의「영웅」이 미필고로 남아 있다.

▶ 비 평

「소위 근대극에 대하야」(『학지광』제22호, 1921. 6)
「조선말 없는 조선문단에 일언함」(≪중외일보≫, 1922. 4. 4),
「Man and Superman—a Critical Study of its Philosophy」(와세다대 졸업논문, 1924)
「아관(我觀) 계급문학과 비평가」(1925. 4)
「곡선의 생활」(『5월회』, 1925. 6)
「아리스토텔레스의 '形式論理'」(『5월회』, 1925. 6)
「창작을 권합네다」(『5월회』, 1925. 9)
「〈노래〉몇 낱」(『5월회』, 1925. 9)
「이광수류의 문학을 매장하라」(『조선지광』, 1926)
「구미 현대극작가론」(≪시대일보≫, 1926. 1~)
「자유극장 이야기」(『개벽』, 1926. 5)
『우리 신극운동의 첫길』(홍해성과 공동집필, ≪조선일보≫, 1926. 5)
「동경 축지소극장에서 〈인조인간〉을 보고」(『개벽』, 1928. 8)
「사옹(沙翁)의 생활」(『5월회』)

이 밖에 그가 대학시절에 쓴 리포트
「愛蘭の詩史」(1924. 8, 眞砂)
「英文學史上に於けるFarie Queeneの作者」
「藝術の宗教―ブレ-クに對する考察―」
「言語の特性―その象徵性―」
「愛蘭人としてのバアナ-ドショラ」
「スベクテタの 歷史」
「マクベスの見たる幽靈とハムレツトの見たる幽靈」
「シエクスピアの生涯」

▶ 그 밖의 에세이류
「타씨찬장」(陀氏讚章)(1919. 12)
「마음의 자취」(心の跡) '권 16(vol. 16)(1919년, 동경재학시)
「출가」(1926. 6. 21)
「신청권」
「기록의 마력」
「자유의지의 문제」
「초야권」
「아 프로테스토」(1926. 6. 9)
「무제」
「생명의 고갈」(1926. 3)
「사랑의 화살」

* 연대와 출전이 미상인 글은 『김우진 전집』(전예원, 1983)에 수록

3. 연구 자료

강나라, 「김우진 희곡의 주제 연구」, 제주대 교육대학원 석사논문, 1998.
곽종무, 「김우진의 희곡 작품의 특징과 의의 연구」, 수원대 교육대학원 석사

논문, 1996.
권순종,「김우진의 연극관과 희곡〈이영녀〉」,『영남어문학』13집, 영남어문학회, 1986. 9.
──,「김우진 희곡연구」,『무천』3, 1987.
김미라,「김우진 희곡연구 : 자연주의극에서 표현주의극으로」, 단국대 석사논문, 1991. 2.
김방한,「김우진의 로맨틱한 최후」부자평전1,『세대』87, 1970. 10.
김성진,「초성 김우진의 문학과 현실인식」, 중앙대 석사논문, 1992. 2.
──,「焦星 김우진의 시세계」,『목포대언어와 문화』7, 1992. 12.
김성희,「김우진·유치진 희곡의 기호학적 연구」, 단국대 박사논문, 1991. 8.
──,『한국 현대희곡 연구』, 태학사, 1998.
김용관,「김우진연구」, 충남대 석사논문, 1984. 2.
김용섭,「광무양전의 사상기반」,『아세아연구』48호, 고려대, 1972.
김우진,『김우진 전집』Ⅰ·Ⅱ, 전예원, 1983.
김유진,「메타드라마의 요소를 통해 본 김우진 희곡 연구」, 이화여대 석사논문, 1995.
김원림,「김우진 희곡연구」, 강원대 교육대학원 석사논문, 1988. 2.
김원중,「한국근대희곡문학연구」, 중앙대 박사논문, 1984. 2.
김익두,「희곡〈산돼지〉에 나타난 갈등의 해석」,『국어국문학』25, 전북대 국어국문학회, 1985.
김정희,「극작가 김우진 연구」, 이화여대 석사논문, 1985.
문수경,「김우진 삼막희곡연구」, 성균관대 석사논문, 1987. 2.
민병욱,「김우진의〈이영녀〉연구」, 부산대 석사논문, 1987. 2.
──,「김우진의 부르조와 개인주의적 세계관 연구 1」,『부산사대어문교육론집』, 1988. 2.
박관섭,「김우진 희곡에 나타난 죽음의식 고찰」, 조선대 교육대학원 석사논문, 1998.
박기원,「초성 김우진 연구」, 중앙대 교육대학원 석사논문, 1989.
박명진,「김우진 희곡의 기호학적 분석 ―〈산돼지〉를 중심으로」, 중앙대 석사논문, 1988.
박미령,「극작가의 시적 자질과 언어수행의 비교 ― 한국의 초성과 카나다의

뒤베(Marcel Dube)의 작가론」,『한국국어교육연구회논문집』, 1989. 7~8.
———,「희곡 대사의 시적 자질 : 김우진의 〈山돼지〉를 중심으로」,『국어교육』, 65・66, 1989. 7.
박은진,「김우진 희곡에 나타난 사회성 연구」, 조선대 교육대학원 석사논문, 1993. 2.
박찬기,『독일문학사』, 장문사, 1974.
서연호,「극작가 김우진론」,『인문논집』 26, 고려대학교, 1981. 12.
———,「김우진의 문예비평론」, 문예진흥, 1982. 1.
———,「김우진의 연극세계」, 문예진흥, 1982. 1.
———,「김우진의 작품세계」,『김우진 전집』 I・II, 전예원, 1983.
———,『한국 근대 극작가론』, 고려대학교 출판부, 1998.
성택승,「김우진의 웅본시절」,『김우진 전집』 II, 전예원, 1983.
손영신,「김우진 희곡 연구」, 성신여대 대학원 석사논문, 1997.
———,「김우진 희곡 연구 : 표현주의 희곡을 중심으로」,『성신어문학』 8, 1996. 2.
손필영,「김우진 희곡연구」, 국민대 석사논문, 1987. 2.
손화숙,「김우진의 시연구」,『어문논집』 33, 고려대국어국문학연구회, 1994.
신아영,「1920-30년대 한국희곡의 극적 구조와 수용에 관한 연구 : 김우진, 채만식, 유치진의 작품을 중심으로」, 이화여대 박사논문, 1996.
신용님,「김우진 희곡연구」, 연세대 석사논문, 1984. 8.
———,「김우진과 유진오닐의 '비극적 특질' 비교 연구」,『홍익어문』 10・11, 1992. 4.
신희교,「부친콤플렉스와 모태로의 회귀 — 김우진의 〈산돼지〉를 중심으로」,『어문논집』 26, 고려대국어국문학연구회, 1986. 3.
유민영,「초성김우진연구(상)」,『한양대논문집』 5, 1971.
———,「초성김우진연구(하)」,『국어교육』 17, 한국국어교육연구회, 1971.
———,『한국근대연극사』, 단국대학교출판부, 1996.
유일용,「김우진 희곡연구」, 전남대 석사논문, 1989.
윤삼근,「김우진 희곡〈이영녀〉연구」, 경북대 교육대학원 석사논문, 1995.
윤석달,「김우진의 현실인식」,『경기어문학』 14, 경기대국어국문학회, 1983. 12.
윤영숙,「김우진 희곡의 인물연구」, 상명대 교육대학원 석사논문, 1994.

이광수,「중용과 철저」,『이광수 전집』16편, 삼중당, 1963.
이두현,『한국신극사연구』, 서울대학교출판부, 1971.
─── ,「김우진론 — 사랑과 연극으로 바꾼 인생, 음악」,『연예의 명인 8인』, 신구문화사, 1975.
이미원,「김우진 희곡과 표현주의」,『경희어문학』7집, 경희대 국문과, 1986. 9.
이상호,「김우진 희곡 연구(상) —〈이영녀〉의 주동인물의 갈등상을 중심으로」, 『현대문학』, 1993. 1.
이은경,「김우진 희곡작품 연구」, 숙명여대 석사논문, 1987. 2.
─── ,「水山 김우진 연구」, 숙명여대 박사논문, 1995.
이은자,「〈이영녀〉연구」,『한국극예술연구』제1집, 한국극예술학회, 1991. 3.
─── ,「김우진 희곡연구」, 서울대 석사논문, 1987. 7.
이종대,「김우진 창작희곡 연구 — 좌절된 혁명과 훼손된 사랑」, 동국대 석사 논문, 1989. 8.
이지혜,「김우진의 표현주의 의식 연구」, 연세대 교육대학원 석사논문, 1991. 8.
이직미,「김우진 희곡의 비교문학적 연구」, 경상대 석사논문, 1984. 8.
정보암,「김우진의〈산돼지〉연구」, 경상대 석사논문, 1993. 2.
주유순,「김우진 연구 : 그의 작품에 나타난 여성상을 중심으로」, 단국대 석사 논문, 1987.
홍진석,「김우진 희곡 연구」, 고려대 교육대학원 석사논문, 1990. 8.
홍창수,「김우진 연구」, 고려대 석사논문, 1992. 2.
─── ,「김우진의 표현주의와〈난파〉연구」,『목원어문학』제12집, 1993. 12.
홍해성,「최후의 대화와 회상」,《조선일보》, 1956. 4. 7.
기념논총간행위원회 편,「韓國戲曲作家硏究:김호순 박사 정년퇴임 기념논 총」, 태학사, 1997.
Kloslova Zdenka,「김우진과 까렐차뻬」,『민족문학사연구』, 1993. 12.
大笹吉雄, 日本現代演劇史(明治, 大正篇), 白水社, 1990.
早稻田大學, 1919~1923년 學科配當表 참조.